Simone Kostka

Lernen können. Lernen wollen.

Simone Kostka

Lernen können. Lernen wollen.

Ursachen verstehen – Lernschwächen begegnen

maudrich

Eine geschlechtergerechte Schreibweise wird in diesem Buch vorrangig durch die Verwendung des Doppelpunktes oder durch Doppelnennungen realisiert. Wenn dies in einzelnen Fällen nicht möglich war, sind dennoch stets alle Geschlechter gemeint.

Bibliografische Information der Deutschen Nationalbibliothek
Die Deutsche Nationalbibliothek verzeichnet diese Publikation in der Deutschen Nationalbibliografie; detaillierte bibliografische Daten sind im Internet über http://dnb.d-nb.de abrufbar.

Lektorat: Sabine Schlüter, Wien
Umschlaggestaltung: facultas
Umschlagbild: © yanadjan, stock.adobe.com
Grafik, Typografie und Layout: Florian Spielauer, Wien
Druck: finidr
Printed in the E. U.
ISBN 978-3-99002-151-4
e-ISBN 978-3-99111-613-4

MIX
Papier aus verantwortungsvollen Quellen
FSC® C014138
FSC www.fsc.org

TREE ONE FOR TITLE
Mit der Erscheinung dieses Buches haben wir **zusammen mit der Druckerei FINIDR** einen neuen Baum gepflanzt.

„Wenn das Gehirn so einfach wäre, dass wir es begreifen könnten, wären wir zu dumm, um es zu begreifen.“

Jostein Gaarder

Für
Rebecca und Eric
Johanna und Oliver

Adrian, Alina, Alissa, Ben, Benjamin, Carina, Constantin, David, Elena, Elisa, Emely, Emily, Emma, Erik, Evelien, Felix, Florentina, Ines, Johanna, Johannes, Josefine, Julia, Katharina, Larissa, Lasse, Leander, Lina, Lukas, Luna, Marcel, Marie-Valerie, Marwin, Mathias, Maximilian, Nina, Nita, Paula, Sebastian, Selina, Simon, Sophia, Steffi, Tamina, Tessa, Valentina, Vanessa, Viola

und alle Kinder, die (unerkannt) Hilfe brauchen

Inhalt

Zu diesem Buch

Eltern wünschen sich Kinder, die in der Schule selbstständig und erfolgreich sind, beliebt, selbstbewusst, dabei aber höflich, gut mitarbeiten und freundlich auftreten. Kein Fach macht Probleme. Die Hausübungen werden schnell und eigenständig erledigt, danach die Schultasche für den nächsten Tag gepackt und der Rest des Nachmittags ist Freizeit. Diese verbringt das Kind mit Sport, Kunst oder Wissenschaft, um seinen Bewegungsdrang zu befriedigen, sein Bedürfnis nach Kreativität auszuleben bzw. seine Forscher- und Entdeckerfreude zum Ausdruck zu bringen. Es ist ein guter Teamplayer, hat einen großen Freundeskreis und macht einen rundum glücklichen Eindruck, weil es sein Leben schon früh selbst im Griff hat.

Nachdem Du zu meinem Buch gegriffen hast, darf ich davon ausgehen, dass Dein Kind nicht dieses eine oben beschriebene Kind ist, sondern eines, das viel Unterstützung braucht. So viel, dass es Dir selbst über den Kopf wächst und die Harmonie des Familienlebens beeinträchtigt?

Das oben beschriebene Kind gibt es. Allerdings sehr selten. Was ist bei diesem Kind anders als bei anderen? Sein gesamtes neuronales Netzwerk ist optimal verbunden, sodass die verschiedenen Hirnareale reibungslos zusammenarbeiten. Das ist alles. Durch einen glücklichen Zufall spielen alle Bereiche, die an einem kognitiven Prozess beteiligt sind, perfekt zusammen. Ich freue mich für jeden Menschen, der von Anfang an so auf die Butterseite gefallen ist, und wünsche ihm, diese Chance erkennen und nutzen zu können.

Nun aber zu dem Kind, um das es Dir geht, einem von ganz vielen, die in mindestens einem Fach weniger gut sind oder vielleicht sogar große Probleme haben. Ganz ehrlich: Das ist aus meiner Sicht ganz normal. Ja, es ist nervtötend. Ja, es ist mühsam und aus Sicht Erwachsener unverständlich, aber es ist einfach nur menschlich. Im Volksmund geht man oft davon aus, dass jemand, der in Mathematik gut ist, es in Sprachen schwer hat. Und umgekehrt stehen die Sprachtalente mit der Logik der Zahlen auf Kriegsfuß. Und wenn doch beides einigermaßen klappt, dann kann man sich darauf verlassen, dass es andere Themen gibt wie einen mangelnden Ordnungssinn, soziale Schwierigkeiten, geringen Selbstwert, Verhaltensauffälligkeiten oder gesundheitliche bzw. ernährungstechnische Herausforderungen. Richtig?

Genauso wie es kein Patentrezept für Kindererziehung gibt, weil jedes Kind anders ist und in jeder Familie individuelle Umstände herrschen, so gibt es kein Patentrezept für eine gelungene Schulzeit. Aber es gibt von außen betrachtet eine ersichtliche Ursache, die aus dem Blickwinkel der Familie selbst schwer zu entdecken ist. Ich bin davon überzeugt, dass jede Familie und jede:r professionell Tätige versucht, im besten Sinne für das eigene oder das anvertraute Kind zu handeln. Deshalb ist mir sehr wichtig, dass Du nichts, absolut gar nichts in diesem Buch in irgendeiner Weise als Vorwurf oder Kritik verstehst. Vermutlich wird vieles für Dich neu sein, vielleicht bist Du im ersten Moment skeptisch. Wenn Du anderer Meinung bist, sieh meine Argumente als Denkansatz, als Chance, die eigene Situation zu hinterfragen. Immerhin haben Eure bisherigen Methoden noch nicht zum gewünschten Erfolg geführt. Zeit, etwas Neues zu probieren?

Trotz all unserer technischen Errungenschaften und der vielen Erkenntnisse darüber, wie unser Gehirn funktioniert, sind wir Menschen leider noch immer nicht modern genug, um zu verstehen, dass stures Pauken bei Lernproblemen wenig bis gar keinen Sinn macht. Im Gegenteil, möglicherweise macht das ständige Ankämpfen gegen Blockaden alles noch schlimmer. Unser individuelles neurobiologisches Netzwerk muss gut abgestimmt und unsere Hirnareale müssen optimal verbunden sein, um Reize schnell an die richtigen Bereiche zu bringen. Erst wenn das funktioniert, können Lernprozesse erfolgreich sein.

Deshalb werde ich Dir nicht erzählen, dass Du mit Deinem Kind lesen üben musst, wenn es Schwierigkeiten beim Lesen hat. Ich werde Dir auch nicht erzählen, dass Du mit Deinem Kind Lernworte üben musst, wenn es Schwierigkeiten bei der Rechtschreibung hat. Und genauso wenig werde ich empfehlen, Rechnen zu üben, wenn es kein Verständnis für Zahlen hat. Wieso? Weil das nur Symptome sind für etwas, dessen Ursache wir herausfinden müssen.

Zum besseren Verständnis hier ein Vergleich mit einer körperlichen Krankheit: Nehmen wir an, Du hast ein Magengeschwür und deswegen häufig Bauchschmerzen. Du nimmst gegen die Schmerzen eine Tablette. Sie verschafft Dir kurz Erleichterung, bekämpft aber nicht die Ursache, nämlich das Geschwür selbst. Wenn Dein Kind also trotz mindestens durchschnittlich guter Intelligenz Schwierigkeiten beim Lesen, dem graphomotorischen Schreiben, dem Rechtschreiben oder dem Rechnen hat, dann hat das eine Ursache. Wenn Du die Ursache herausgefunden hast, kannst Du an ihr arbeiten. Wenn die Ursache (weitestgehend) aufgelöst wurde, verschwinden die meisten Symptome, also das Lese-, Schreib- oder Rechenproblem.

Um eben diese Ursachen zu verstehen, ist es wichtig, die neurobiologischen Grundlagen, die ich im ersten Teil des Buches beschreibe, zu kennen. Auch wenn ich selbst sowohl diese Vorgänge als auch ihre Folgen ausgesprochen spannend finde, kann ich mir vorstellen, dass dies für viele ein eher trockenes Thema ist. Ich bitte Dich, diese Seiten trotzdem aufmerksam zu lesen. Denn Dein erster Schritt zur Verbesserung Eurer schulischen Situation ist es, zu verstehen, wie die Abläufe im Körper mit den praktischen Umsetzungsproblemen beim schulischen Lernen zusammenhängen: Damit Du Dich besser in Kinder hineinversetzen kannst und nicht zu schnell über ihre Fähigkeiten (oder Un-Fähigkeiten) urteilst, braucht es etwas Abstand und eine veränderte Sichtweise. Änderst Du Deinen Blickwinkel auf ein spezifisches Problem, können auf einmal Zusammenhänge sichtbar werden, die vorher scheinbar in keiner Verbindung zueinander standen, und plötzlich ist die Ursache offensichtlich. Hast Du diese erkannt, kann das Symptom bearbeitet und in der Folge gelöst werden.

Nicht jedes Kind, das in der Schule unterstützt werden muss, hat eine Lernschwäche. Aber bei jedem Kind, das Unterstützung braucht, gibt es dafür eine Ursache. Die Anregungen in diesem Buch können Dir und Deinem Kind in jedem Fall helfen - unabhängig davon, ob es bereits Schwierigkeiten (mit oder ohne Diagnose) gibt und wie massiv diese sind. Hast Du eine entsprechende Rückmeldung von der Schule? Oder hast Du selbst das Gefühl, dass Dein Kind es etwas schwerer hat als andere, und Du möchtest Hilfestellung bieten? Oder beschäftigst Du Dich vorbeugend mit dem Thema, weil Dein Kind in den nächsten Jahren in die Schule kommen wird und es in Deiner Familie in vorherigen Generationen Lernprobleme gab? Es ist nicht wichtig, wo Ihr jetzt gerade steht, denn **es ist immer der richtige Zeitpunkt für einen neuen Zugang**. Und wenn es mir gelingt, Dir diesen neuen Zugang zu den Bedürfnissen Deines Kindes zu eröffnen, habe ich mit diesem Buch mein Ziel erreicht.

Teil 1

... in dem ich Dir zeigen möchte, was *hinter* unseren Denk- und Lernprozessen abläuft.

1 Lernen und Neurobiologie

Durch meine tägliche pädagogische Arbeit, insbesondere durch die Grenzen, an die ich immer wieder gestoßen bin, wurde mir klar, dass effizientes und gleichzeitig motivierendes, unterstützendes und auch geduldiges Lehren und Fördern nur dann gelingen kann, wenn man die neurobiologischen Zusammenhänge kennt, die dabei in einem lernenden Menschen vor sich gehen. Ohne dieses Wissen halte ich es für sehr schwierig, das entsprechende Verständnis für Fehler, für Unverständnis oder Unaufmerksamkeit aufzubringen. Stattdessen können Aussagen wie „Du musst Dich doch nur besser konzentrieren" im besten Fall gar nichts bewirken, im schlechtesten Fall genau das Gegenteil, nämlich eine nicht beabsichtigte Störung oder Behinderung von Lernprozessen bis hin zu Selbstzweifeln und schließlich Verweigerung.

Mittlerweile weiß die Hirnforschung viel über die neurobiologischen Vorgänge im Gehirn, allerdings fehlen die praktischen Anknüpfungspunkte dazu im Alltag, obwohl das sehr wichtig für die Leistung, den Erfolg, den Selbstwert und das Weiterkommen in Schule und Beruf wäre. Je komplexer ein Thema ist, desto einfacher sollte man es darstellen, finde ich. Wer sich intensiver damit befassen möchte, dem empfehle ich Literatur von Manfred Spitzer, Gerald Hüther oder anderen großen Wissenschaftler:innen zu diesem Thema.

Wie natürliches Lernen funktioniert, hat Dir Dein Baby im Laufe seiner Entwicklung gezeigt. Es hat mit einer erstaunlichen Kontinuität und einem Durchhaltevermögen, das Erwachsene sich schon längst abgewöhnt haben, immer dasselbe geübt, bis es endlich konnte, was es wollte. Keiner hat ihm gesagt, dass es dieses oder jenes machen soll, sondern es hat getan, was es tun wollte, auf seine eigene Art und Weise. Es hat gespürt, was richtig ist, weil Lernen auf diese Weise die natürlichste Sache auf der Welt ist, Freude macht und Erfolg bringt.

Das Gehirn

Das menschliche Gehirn setzt sich grob gesagt aus drei Bereichen zusammen, die zu verstehen wichtig ist. Alles, was die unbewusste Steuerung unseres Körpers betrifft, ist weitestgehend im Stammhirn und Kleinhirn verankert. Hier werden Atmung, Verdauung, der Herzschlag und Bewegungen reguliert, das alles funktioniert ganz von allein.

Etwas komplexer ist das limbische System. Hier sitzen unsere bewusste Denkleistung, die Impulskontrolle, die Handlungsmotivation und damit verbunden unsere Gefühle wie Freude, Angst, Liebe, Freundschaft, Hoffnung – all diese Empfindungen und noch viele mehr werden dort gebildet. Auch Säugetiere haben ein limbisches System; Kühe haben beispielsweise, so kann man schließen, beste Freunde.

Ein Teil des limbischen Systems und gleichzeitig unser Kontrollorgan, das filtert, ob ein Reiz relevant ist oder nicht, ist der Hippocampus. Man kann ihn sich in etwa wie den Türsteher in einer Disco vorstellen, der bestimmt, wer eingelassen wird und wer nicht. Er prüft eintreffende Reize auf Wichtigkeit und Vorerfahrungen. Sind die Informationen langweilig, werden sie sofort vergessen. Umso verständlicher, dass Kinder das, was sie nicht interessiert, buchstäblich in den kognitiven Mistkübel werfen.

Ein Nachbar des Hippocampus ist die Amygdala, die sehr sensibel auf alle negativen Reize reagiert und Druck, Stress und Angst sofort meldet. Genau die gegenteilige Funktion hat das mesolimbische System, das offen ist für Motivation und aktiv wird, sobald eine Belohnung in Aussicht gestellt wird. Anerkennung, ernstgemeintes Lob, Selbstbestätigung, Stolz auf die eigene Leistung, all diese Emotionen werden hier verarbeitet.

Hat ein Reiz die Zensur des limbischen Systems bestanden, wird er ins Kurzzeitgedächtnis eingelassen und in weiterer Folge ins Langzeitgedächtnis transferiert. Für das längerfristige Abspeichern von Gelerntem gibt es im Großhirn oder Neocortex verschiedene Areale.

Dieser Teil ist wohl die faszinierendste Errungenschaft der Evolution, weil wir in ihm das finden, was uns zum Menschen macht: Wir können über uns selbst reflektieren, wir können Sprache nutzen, wir können einen Beruf wählen, wir können kreativ sein und Musik, Kunst und Literatur erschaffen, wir können technische Erfindungen machen und viele andere gewaltige Dinge mehr – nur dank des Neocortex.

Organisch betrachtet ist er eine dünne, gefaltete Haut, die ausgerollt etwa die Größe einer Zeitungsseite hätte. Dort speichern wir in den dafür vorgesehenen Bereichen alle Fähigkeiten ab, die wir uns aneignen. Das Großhirn besteht aus einer rechten und linken Hälfte, die mit einem dicken Strang an neuronalen Verbindungen, dem Corpus Callosum, verbunden sind. Die beiden Hälften sehen zwar gleich aus, sind aber für verschiedene Fähigkeiten zuständig. Zum einen steuern sie die jeweils gegenüberliegende Körperseite. Beispielsweise wird die linke Hand von der rechten Gehirnhälfte gesteuert und das rechte Auge oder das rechte Ohr von der linken Gehirnhälfte. Abgesehen davon funktionieren sie in gewisser Weise anders. Während die linke Gehirnhälfte sich liebend gerne mit Details beschäftigt – mit all den Dingen, die in der Schule wichtig sind, wie Zahlen, Buchstaben, Strukturen –, aber dafür das große Ganze nicht erfassen kann, macht sich die rechte Gehirnhälfte ein umfassendes Bild. Dabei achtet sie nicht auf Details, sondern denkt ähnlich wie im Film, ist ausgesprochen kreativ und produktiv. Jede Gehirnhälfte für sich allein ist nicht sehr effizient. Die besten Ergebnisse erzielen wir, wenn sich beide Seiten über das Corpus Callosum austauschen. Man könnte auch sagen, „sie arbeiten zusammen". Dabei ist wichtig, zu wissen, dass eine der beiden Gehirnhälften dominant ist. Welche der beiden das Sagen hat, ist in uns veranlagt.

Die wohl herausragendsten Fähigkeiten von Menschen Tieren gegenüber sind Sprache, Lesen, Schreiben und Rechnen. Sprache ermöglicht es uns, die Bedeutung von Informationen zu prüfen und als positiv oder negativ zu bewerten bzw. darauf zu reagieren. Dafür stehen uns zwei getrennte Bereiche zur Verfügung, die zusammenarbeiten: Das Wernicke-Zentrum ist in erster Linie für das Verständnis zuständig, während das Broca-Areal das Sprechen steuert.

Die verschiedenen Gehirnteile würden uns nicht viel nützen, hätten wir kein dazugeschaltetes System, das Reize zur Weiterverarbeitung an die richtigen Stellen bringt. Dazu gibt es das neuronale Netz, das durch Milliarden Verknüpfungen über unseren gesamten Körper verteilt ist; viele davon haben sich bereits im Mutterleib gebildet. Abgesehen von gewissen Hauptverbindungen gibt es unter der enormen Anzahl an Neuronen unendlich viele Verknüpfungsmöglichkeiten. Die je eigene Art und Weise der Verbindungen macht jeden Menschen so speziell und individuell.

Egal ob wir es Verstand, Logik, Psyche, Intelligenz, Lernfähigkeit, Begabung oder Motivation nennen, im Endeffekt ist es die Art und Weise, wie unsere Verknüpfungen angelegt sind, die für unser „Funktionieren“, unsere kognitiven Aktionen und Reaktionen verantwortlich sind. Die einzigartige Kombination steuert unser Denken, Fühlen und Handeln und unsere Leistungsfähigkeit.

Das neuronale Netz

Nervenzellen haben einen Zellkern, von dem etwas breitere Axone und etwas schmälere Dendriten abgehen, wie viele kleine Ärmchen mit immer dünner werdenden Verzweigungen. Manche erinnern an Hände mit vielen Fingern, manche an kleine Bäume. Dein Baby kam bereits mit etwa 100 Milliarden solcher lose miteinander verbundenen Nervenzellen oder Neuronen zur Welt. Die Nervenzellen dienen dazu, jede Art von Reizen – also alles, was wir hören, was wir sehen, was wir schmecken, fühlen und was sonst eben auf unseren Körper einströmt – in die Zentrale im Gehirn weiterzuleiten. Nervenbahnen sind eine Vielzahl nicht direkt aneinander anknüpfender Nervenzellen mit kleinen Verbindungsstellen an den Zwischenräumen.

Diese Verbindungsstellen heißen Synapsen. Hier stoßen entweder zwei Neuronen zusammen oder auch ein Neuron und eine Muskelfaser oder eine Sinneszelle, wobei die beiden Zellen einander nicht direkt berühren. Dazwischen liegt der synaptische Spalt, über den die Reize in gewisser Weise „springen“. So wandert ein Reiz von Nervenzelle zu Nervenzelle über unser Netzwerk mit einer Geschwindigkeit von etwa 400 km/h bis in unser Gehirn. Bekannte Informationen, also Reize, die wir früher schon gehört, gesehen, gerochen etc. haben, benutzen immer denselben Weg zur selben Stelle im Cortex. Wenn der Reiz häufig eintrifft, verstärkt sich der Weg, den er nimmt, während für neue Informationen neue Synapsen gebildet werden. Deswegen ist es anstrengend, Neues zu lernen.

Für eine schnelle Weiterleitung brauchen wir ein gut entwickeltes Netz von Neuronen. Dieses wird im Baby- und Kleinkindalter durch Stoffwechselprozesse aufgebaut. Innerhalb von nur einem Jahr verdreifacht sich die Gehirnmasse des Kindes dadurch, dass die vorhandenen Verbindungen sich verfestigen und neue Neuronenpopulationen bilden. Mit anderen Worten: dadurch, dass Dein Baby lernt. Nie wieder im gesamten restlichen Leben können Menschen so viel so schnell lernen.

Trotzdem kann ein Baby anfangs kaum etwas bewusst tun. Die sogenannten frühkindlichen Reflexe, jene entzückenden unkontrollierten Bewegungen noch sehr kleiner Babys, sind eine Vorstufe, um die bewusste Steuerung seines Körpers zu erlernen. Reflexe können wir nicht kontrollieren, sie treten einfach auf, wenn der Körper es für richtig hält. Sobald Bewegen und Denken bewusst gesteuert werden, brauchen wir sie nicht mehr. Sie sind dann in den Körper integriert.

Wenn das bewusste Steuern erst einmal funktioniert, wird geübt und geübt und geübt. Das kostet einiges an Anstrengung und Aufmerksamkeit, aber irgendwann sind immer dieselben Reize so oft über immer dieselben Neuronenwege geleitet worden, dass sich das Können oder Wissen verfestigt hat. Das kennt jede:r, der:die schon einmal ein Gedicht auswendig lernen sollte. Anfangs ist es sehr schwer, sich den Text zu merken. Aber je öfter wir uns die Zeilen vorgesprochen haben, desto besser merken wir uns den Text. Nach einiger Zeit geht es wie geschmiert, und viele Jahre später könnten wir es noch immer aufsagen. In dem Fall haben wir ein Wissen oder Können automatisiert, es gelingt ohne bewusste Anstrengung. Das gilt für alles, was uns leicht gelingen soll, sogar für banale Dinge wie zuzuhören oder etwas optisch wahrzunehmen. Ist dieser Punkt erreicht, geht alles wie von selbst, ohne zielgerichtete

Aufmerksamkeit. Das beginnt als Baby beim Saugen, Trinken, Stehen und Gehen, beim Sprechen und bei den Essbewegungen und beinhaltet natürlich später auch Fertigkeiten, die wir uns in der Schule aneignen sollten, in erster Linie Schreiben, Lesen und Rechnen. Als Erwachsener sind es Tätigkeiten, die wir in Beruf und Alltag benötigen.

Automatisierung klappt nicht bei jedem Menschen. Bei vielen Kindern ist das offensichtlich, aber es hat sich leider noch nicht genug herumgesprochen, wie wichtig es wäre, darauf zu achten und von Beginn an sanft gegenzusteuern. Je jünger ein Kind ist, desto schneller können Entwicklungshindernisse abgebaut werden, wodurch sich Familien später viel Mühe, Kummer, Probleme, Demotivation, Kraft und Sorgen ersparen könnten. Die Anzeichen sind leicht zu erkennen, wenn man Bescheid weiß. Häufig sind es bestimmte ungeschickte Bewegungen wie häufiges Fallen über die eigenen Füße, ein nicht gelingender Mundschluss, besonders bei hoher Konzentration, oder eine Suchbewegung mit der Zunge, wenn eine Tätigkeit besonderer Aufmerksamkeit bedarf, auffallend große Schwierigkeiten beim Erlernen einer Sportart und vieles mehr. Ein Reflex, der persistiert, also noch erhalten bleibt und ausgelöst werden kann, macht auch noch im Erwachsenenalter Schwierigkeiten.

Die Offenheit eines Menschen dafür, Neues zu lernen, hängt mit der Anzahl der Synapsen zusammen. In den ersten Lebensmonaten vermehren sie sich explosionsartig. Daher sind Babys und Kinder so neugierig und sprichwörtlich „an allem dran". Sie wollen das, was sie wahrnehmen, mit sämtlichen Sinnen begreifen. Insofern ist es nicht verwunderlich, dass der Höchststand an Synapsen im Gehirn mit etwa 2-3 Jahren erreicht ist. Synapsen, die durch immer wieder auftretende Reize aktiv bleiben, werden gefestigt, jene aber, die wir nicht benötigen, werden wieder abgebaut. Das erklärt beispielsweise, warum es für Kleinkinder so leicht ist, mehrere Sprachen gleichzeitig zu lernen, während schon Jugendliche, geschweige denn Erwachsene sich neue Sprachen mit viel

Mühe aneignen müssen. Auch wenn Lernprozesse mit zunehmendem Alter mühevoller werden, sind sie dank der Neuroplastizität des Gehirns, also seiner Fähigkeit zur Veränderung, weiterhin möglich.

Die Botenstoffe

Bei der Weiterleitung von Reizen bedienen wir uns der Botenstoffe oder Neurotransmitter. Das sind Hormone, die in den neuromodularischen Systemen – in unserer Vorstellung vergleichbar mit kleinen Chemiefabriken – erzeugt werden. Sie übertragen die Erregung über die Synapsen von einer Nervenzelle zur nächsten. Die wichtigsten Botenstoffe im Zusammenhang mit Lernen sind Serotonin, Dopamin, Noradrenalin und Acetylcholin. Sie werden durch positives Feedback, Wiederholungen, soziale Abwechslung und das beständige Üben von Handlungsabläufen ausgeschüttet.

Serotonin oder auch das „Glückshormon" wirkt sich positiv auf die Stimmung und die Gedächtnisleistung aus. Wird genug davon produziert, fühlt sich Dein Kind wohl und ist innerlich ruhig und stark – eine wunderbare Voraussetzung für erfolgreiche Lernprozesse. Zusammen mit Melatonin sorgt es für einen guten Schlaf, eine Grundvoraussetzung unserer Leistungsfähigkeit.

Die Kommunikation der Nervenzellen untereinander wird von Dopamin angeregt, ebenfalls einem Neurotransmitter. Er vermittelt uns positive Gefühle, aktiviert unsere Neugierde und unseren Wissensdurst und löst bei authentischer Belohnung angenehme Emotionen aus.

Noradrenalin ist der hauptsächliche Transmitter des Sympathikus, eines Teils des unwillkürlichen Nervensystems. Er sorgt im Fall von Aufregung oder Anspannung für eine gesteigerte Atem- und Herzschlagfrequenz und stärkere Durchblutung, wird aber auch im Fall von Stress ausgeschüttet, was uns kurzfristig sehr leistungsfähig macht, aber dann ermüdet. Leichter Stress wird auch Eustress genannt und kann positiv empfunden werden, weil er wach, aufmerksam und fokussiert macht.

Der Gegenspieler des Sympathikus ist der Parasympathikus oder Ruhenerv. Er sorgt für Entspannung und Regeneration. Sein Transmitter Acetylcholin hilft, uns zu fokussieren, zu konzentrieren und zu erinnern.

Kurz zusammengefasst

Unser neuronales Netzwerk besteht aus Abermilliarden von Nervenzellen. Darauf auftreffende Reize werden mithilfe von Botenstoffen bis zum Gehirn weitergeleitet und dort vom Hippocampus auf ihre Wichtigkeit geprüft. Die unwichtigen Informationen werden wieder vergessen. Die wichtigen werden emotional bewertet: ob sie bekannt oder unbekannt, angenehm oder unangenehm usw. sind. Bei einer positiven Bewertung schüttet das mesolimbische System Hormone aus, die uns Freude, Stolz oder Bestätigung vermitteln. Negative Reize werden von der Amygdala gemeldet, sie vermittelt uns Stress oder Angst.

Ein bekannter Reiz nimmt immer denselben Weg durch die Nervenbahnen, sodass er sich stärker einprägt als ein Reiz, der nur selten auf unsere Netzwerkverbindungen eintrifft – er verfestigt sich. Man kann das mit einer stark befahrenen Straße vergleichen, die breiter und abgenutzter ist als ein schmaler Feldweg. Je ausgeprägter die neuronalen Verknüpfungen sind, desto besser gelingt die Aufgabe, desto automatisierter erfolgt die Verarbeitung. Neue Reize werden ebenfalls bewertet und mit vorhandenem Vorwissen abgeglichen.

Unbekannte Reize brauchen neue Wege, die der Bildung neuer Synapsen und weiterer Verbindungen bedürfen. Diese zu entwickeln, braucht Zeit und Übung und ist anstrengend.

Steuerung

Die Gehirnareale und die Hauptverbindungen sind bei allen Menschen weitestgehend gleich angelegt, aber die individuelle Vernetzung zwischen den unterschiedlichen Arealen macht jeden einzelnen von uns so universell. Talente, Begabungen und Interessen hängen daher von dieser einzigartigen Verknüpfung, von der Dominanz der Gehirnhälfte und unserer Sinnesorgane ab.

Dominante Hand

Korrespondierend zur Dominanz der Gehirnhälften ist in der Regel die gegenüberliegende Hand dominant und wird somit zur Schreibhand. Das ist angeboren und sollte unter allen Umständen akzeptiert werden. Die meisten Menschen sind der Auffassung, dass Rechtshändigkeit besser ist, denn das entspricht der Schreib- und Leserichtung in unserer Kultur. Linkshänder hingegen laufen Gefahr, das Geschriebene zu verwischen oder beim Schreiben abzudecken. Absichtliches Gegensteuern sollte unter keinen Umständen forciert werden! Es kann ungeahnte kognitive Konsequenzen haben oder Lernschwächen auslösen. Dazu im folgenden Abschnitt ein Beitrag von Andrea Schwarz, Grundschulpädagogin und Händigkeit-Beraterin nach der Methodik von Dr. Sattler, die sich seit Langem mit den Folgen nicht akzeptierter Linkshändigkeit beschäftigt:

Verdrängte Linkshändigkeit als Chancenbremse (erkennen)

(Andrea Schwarz)

Chancenbremse nicht gelebte Linkshändigkeit: Linkshändigkeit ist in unserer Zeit kein Problem mehr, davon gehen viele Eltern und Pädagog:innen aus. Übersehen wird dabei eine gar nicht so kleine Zahl an linkshändig begabten Kindern, die sich im Verlauf der ersten Lebensjahre ohne Zwang und meist unmerklich auf die Verwendung der rechten Hand umstellen, weil sie hauptsächlich Rechtshänder:innen agieren sehen. Manche Kinder, die alles besonders gut machen möchten, entwickeln das Gefühl, rechts wäre richtiger. Oft sind davon Kinder betroffen, die gute Beobachter:innen sind, oder schüchterne Kinder, die nicht auffallen wollen, sowie solche, die aufgrund einer sensorischen Schwäche nicht gut spüren, welche ihre spezielle Hand ist. Manchmal werden große Geschwister nachgeahmt oder Bezugspersonen, die Tätigkeiten ganz selbstverständlich mit rechts vorzeigen.

Zu Beginn, im zweiten bzw. dritten Lebensjahr, sind diese Kinder ganz unauffällig. Im Verlauf des Kindergartens zeigt sich oft, dass sie das Zeichnen und andere feinmotorische Tätigkeiten meiden oder dass der kreative Ausdruck nicht dem Alter entspricht. Wenn diese Kinder in die Schule kommen, haben sie den Handgebrauch meist komplett an die rechtshändige Norm angepasst und sind für Laien nicht mehr als „versteckte Linkshänder:innen" erkennbar. Auffällig ist aber sehr wohl die schulische Leistungsfähigkeit, die oft mit den vorhandenen intellektuellen Möglichkeiten nicht übereinstimmt.

Dominantes Auge

Wie auch die Dominanz der Hand gibt es jene des Auges – sie ist ebenfalls veranlagt. Die meisten Menschen wissen nicht, welches ihr dominantes Auge ist, dabei kann der dementsprechend richtige oder falsche Sitzplatz im Klassenzimmer die Note um einen ganzen Grad oder sogar mehr beeinflussen.

Willst Du wissen, welches das Führungsauge Deines Kindes ist, so bitte es, mit Daumen und Zeigefingern beider Hände ein Dreieck zu bilden. Dann streckt es beide Arme weit aus und schaut Dich durch dieses Fingerdreieck an. Wenn Du seine beiden Augen sehen kannst, soll es die Finger etwas näher zusammengeben, sodass das Dreieck kleiner wird. Wenn Du durch das Fingerdreieck hindurch nur noch eines seiner Augen siehst, dann ist dieses das dominante. In dem Bereich, den dieses Auge erfasst, liegt die hauptsächliche Wahrnehmung des Geschehens. Wenn ich beispielsweise ein Kind mit linksdominantem Auge neben das Fenster platziere, das im Klassenzimmer – in Blickrichtung Tafel – ebenfalls links ist, so wird dieses Kind garantiert alles mitbekommen, was draußen passiert, sich an jeden Hund, jeden Vogel und alle Spaziergänger erinnern, aber das Geschehen im Klassenzimmer wird es kaum wahrnehmen.

Dominantes Ohr

Ob man rechts oder links bewusster hört, merken viele Menschen erst dann, wenn sie regelmäßig telefonieren. Meistens hält man den Hörer unbewusst auf die Seite des dominanten Ohres. Für Kinder, die akustische Lerntypen sind, kann der richtige Platz im Klassenzimmer passend zum dominanten Ohr möglicherweise noch wichtiger sein als ein Platz, der zum dominanten Auge passt. Mit etwas Glück ist es dieselbe Seite.

Lerntypen

Die unterschiedlichen neuronalen Verknüpfungen machen Menschen auf unterschiedliche Weisen lernfähig. In den letzten Jahrzehnten hat sich ein Bewusstsein dahingehend durchgesetzt, dass nicht jeder Mensch Reize auf dieselbe Art aufnimmt. Die meisten Menschen sind visuelle Lerntypen, die sich Informationen am besten merken, wenn sie diese lesend wahrnehmen, also Grafiken, Bilder und Formen betrachten und vor dem inneren Auge zusammensetzen.

Visuelle Lerntypen haben gerne eine schöne Lernumgebung und schriftliche Unterlagen. Ihr Interesse und ihr Verständnis kann man häufig mit Zeichnungen ansprechen. Erklärungen verstehen sie noch besser, wenn Informationen farblich hervorgehoben bzw. unterschieden werden.

Ist Dein Kind der auditive Lerntyp, nimmt es Informationen am besten auf, wenn es sie hört. Häufig können diese Kinder gut auswendig lernen. Es ist nicht unüblich, dass sie beim Lernen Selbstgespräche führen oder sich manches besser durch ein Lied oder eine besondere Betonung merken. Auch „umgebaute" Worte oder aus anderen Bedeutungen zusammengesetzte Wörter helfen beim Merken, beispielsweise bei Vokabeln. Am allerbesten funktioniert ihre Merkfähigkeit, wenn der Lerninhalt in eine Geschichte verpackt wird.

Kommunikative Lerntypen brauchen den Austausch mit anderen. Wenn Dein Kind zu diesem Lerntyp gehört, hilft es ihm, wenn es Dir erzählt, was es gerade lernt. Es merkt sich Inhalte am besten, wenn es sie Dir beschreibt. Bei einem bevorstehenden Referat hilft ihm ein Rollenspiel besonders gut: Es ist der Experte, die Expertin, Du das Auditorium. Nach zwei oder drei Vorträgen ist der Inhalt meist gut im Gedächtnis verankert.

Schließlich gibt es noch Menschen, die am besten lernen, wenn sie Bewegung machen – die motorischen Lerntypen. Nicht nur, dass es für sie eine Qual ist, bei der Aufgabe still an einem Platz zu sitzen, sie brauchen die motorische Unterstützung für den Merkprozess. Sie erinnern sich am besten an Inhalte, wenn sie beim Lernprozess Handlungsabläufe ausführen. Mimik, Gestik, aber auch Koordinationsübungen oder Bewegungspausen sind hilfreich für sie.

Zu welchem Lerntyp Dein Kind gehört, ist – ja, richtig! – wiederum in Deinem Kind veranlagt. Ist es nicht völlig logisch, dass die richtige Lernweise passend zum Lerntyp den meisten Erfolg bringt? Aber wie bei allen Typisierungen gibt es auch hier Mischtypen. Insofern ist es nicht verwunderlich, wenn Dein Kind Informationen gerne auf mehr als eine Art aufnimmt. Außerdem kann das Gehirn trainiert werden, Du kannst also Deine Fähigkeiten durch eine bewusste Erweiterung der Lernmethoden verbessern. Wenn Du beispielsweise einen Kochkurs für fremdländische Küche besuchst und neue Gewürze kennenlernst, hast Du verschiedene Möglichkeiten, sie zu entdecken. Du kannst lesen, wie das Gewürz heißt (wenn Du der visuelle Lerntyp bist). Du kannst den anderen Teilnehmer:innen von dem Gewürz und seiner Verwendung erzählen (wenn Du der kommunikative Typ bist). Du kannst den Namen des Gewürzes immer wieder vor Dir hersagen (wenn Du der auditive Typ bist). Du kannst das Gewürz zwischen die Finger nehmen und es zerreiben und spüren (wenn Du der motorische Lerntyp bist). Aber Du wirst Dir auf jeden Fall besser merken, wie das Gewürz heißt und wie Du es verwendest, wenn Du daran riechst und ein wenig davon auf die Zunge nimmst. Und am besten merkst Du es Dir, wenn Du alles davon machst, also alle Lernkanäle ansprichst und auf verschiedene Arten verankerst.

Der erfolgreichste Weg, Deinem Kind beim Entfalten seiner Potenziale zu helfen, ist die bewusste Bildung vieler neuer Verknüpfungen durch viele neue Angebote. Das können Bücher, Bewegungsabläufe, Hörspiele, Ausflüge, soziale Kontakte, Musikangebote, Sportarten oder Sonstiges sein. Neue Angebote bedeuten neue Informationen für sein Gehirn. Neue Informationen brauchen neue synaptische Verbindungen. Neue Verbindungen werden für neue Fähigkeiten genutzt.

Mit vielfältigen Angeboten meine ich aber keinen durchgetakteten Freizeitstundenplan! Der erzeugt Stress, und das ist das Gegenteil dessen, was ein Kind braucht. Ich denke also an Dinge wie auf Bäume klettern, mit Gras, Erde und Regenwasser kochen, kleine Experimente mit Backpulver und Essig oder mit Wasser und Stärke machen, einen Kuchen backen, beim Sortieren der Wäsche helfen, mit Fingerfarben oder auch mit dem Pinsel malen, ein Rad schlagen. Einfache Dinge aus dem Alltag, die aus Sicht Deines Kindes neu sind, bei denen es kein Richtig und kein Falsch und auch keine Anleitung gibt, sondern sensomotorische Erfahrungen, sozialen Austausch, neue Bewegungsabläufe und vieles mehr, was zu einer natürlichen Entwicklung beiträgt.

Wenn Dein Kind besonders sportlich ist, biete ihm eher sensomotorische Dinge an. Wenn Du merkst, dass Dein Kind beim Vorlesen unaufmerksam ist, beginn mit kurzen Hörspielen. Wenn Dein Kind keinen Spaß am Sport hat, dann fang mal langsam mit Klatsch- und Stampfübungen an oder probiert Kinderyoga aus. Es ist wichtig, dass Du es auf dem Entwicklungsstand abholst, auf dem es steht, und seine Fähigkeiten nicht auf der Altersstufe erzwingen möchtest, auf der es sich laut Geburtsdatum befindet.

Hat Dein Kind unbemerkt einen Entwicklungsschritt ausgelassen, wirkt es – bezogen auf diese oder jene Fähigkeit – etwas jünger in seinem Können. Das zu berücksichtigen, ist wichtig, damit Du weißt, wo Du mit neuen Angeboten beginnst. Holt Dein Kind die fehlenden Entwicklungsschritte spielerisch nach, verbessert sich der Rest in weiterer Folge und macht es offen für Neues. Ziel ist ein Grundstock an altersentsprechenden Fertigkeiten für eine gesunde kindliche Entwicklung. Manche Dinge wird es von selbst lernen, manche Angebote wird es gerne annehmen, bei manchem lohnt es sich vielleicht, sie aktiv immer wieder und wieder anzubieten oder vielleicht sogar spielerisch einzufordern. Es geht um die Entwicklung eines gut ausgebauten neuronalen Netzwerks als Grundlage von erfolgreichem, mühelosem Lernen.

Qual, Widerstand, Frust, Aggression, Verzweiflung

Dass wir Kinder nicht miteinander vergleichen sollen, hat sich in den meisten modernen Familien bereits herumgesprochen und wird von vielen Eltern, so gut es geht, beherzigt. Je älter Kinder werden, desto mehr wird auf diese Empfehlung vergessen, und spätestens mit der Einschulung werden sie tagtäglich an ihrem Fortschritt und anhand von Kompetenzchecks gemessen und bewusst oder unbewusst mit ihren Klassenkolleg:innen verglichen oder tun das sogar selbst. Bedeutet eine Aufgabe für Dein Kind eine deutlich größere Anstrengung als für die anderen Kindern, erzeugt das Frust und Widerstand, weil es selbst spürt, dass es eine Anforderung nicht (gut) erfüllen kann.

Zu leichte Aufgaben stellen keine Herausforderungen dar und sind deshalb langweilig, während die zu schwierigen nicht lösbar sind. Nur Aufgaben, die uns kognitiv ansprechen, weil sie herausfordernd sind, aber bewältigt werden können, werden mit Interesse verfolgt.

Kinder spüren selbst, dass sie etwas nicht können, daher ist der Schritt zur Verweigerung oder auch zur Aggression als Abwehr nicht groß – besonders wenn scheinbar alle anderen Erfolg haben. Weniger anstrengend für die Eltern, aber für die Kinderseele mindestens genauso schlimm ist es, wenn sich die Verzweiflung über die eigene Unfähigkeit nach innen richtet und auf Dauer zu Angst oder Depression, auf jeden Fall aber zu einem verminderten Selbstwertgefühl führt. Der fehlende Widerstand beim Kind kann zur Folge haben, dass die Eltern den Ernst der Lage nicht erkennen.

Widerstand bei Hausübungen ist für Eltern oft nicht verständlich, ebenso wie die Schwierigkeit dahinter. „Andere Kinder können das doch auch! Das Lernen von Neuem oder das Erledigen von Pflichten, die keinen Spaß machen, muss eben sein." Woran wir dabei nicht denken, sind die Ursache der Auflehnung, die enorme Anstrengung und das mangelnde Verständnis aufgrund zu weniger neuronaler Verknüpfungen. Viele zusätzliche Synapsen zu bilden und Nervenbahnen zu verstärken, ist anstrengend und kostet Überwindung, weil der bequeme Komfortbereich erweitert werden muss.

Bei Kindern ist der Widerstand gegen das absichtliche, bewusste Pauken im Gegensatz zum natürlichen Lernen, das aus einem inneren Drang heraus erfolgt, leicht von der Hand geht und Spaß macht, viel größer als bei Erwachsenen. Sie sind es noch nicht gewohnt, ihrem Gehirn Gewalt anzutun. Sie wollen ihren Veranlagungen entsprechend lernen und das mit Eifer vertiefen, was sie gut können. Dafür vermeiden sie alles, was ihnen schwerfällt. Natürliches Lernen bedeutet Nachahmen, Beobachten, Probieren, Erfahrungen, Erfolg, Motivation und irgendwann Können und ist frei von Druck, Stress, Lehrplänen und Kompetenzchecks.

Kurz zusammengefasst

Um altersgerechte Fertigkeiten aufzubauen, braucht es Vorwissen oder „Vorkönnen". Ein Teil des Vorwissens entsteht durch Nachahmung, ein weiterer Teil durch Lernen und ein Teil ist von Geburt an veranlagt, also Talent. Wenn davon nur wenig vorhanden ist, kann ein Kind seine Aufgaben nicht oder nur mit großer Mühe ausführen. Dabei vergleicht es seine eigenen Leistungen mit jenen anderer und meint womöglich, es sei dumm. Oder es verweigert die Aufgabe, weil es selbst spürt, dass sie zu schwer, also unlösbar ist. Diesen Frust möchte es vermeiden.

Faulheit

Eine sehr verbreitete Erklärung gestresster Eltern, um den mangelnden Erfolg in der Schule vor sich selbst oder vor anderen zu rechtfertigen, ist schließlich die kindliche Faulheit. Wunderbar, es gibt einen Schuldigen! Man selbst ist es nicht, und noch dazu gibt es ein passendes Erziehungsmuster, wie maßgeschneidert: dem Kind seine Faulheit vorzuhalten in der Hoffnung, dass es davon ein schlechtes Gewissen bekommt und sich doch hinsetzt und übt.

Unter Berücksichtigung der Informationen auf den vergangenen Seiten verstehst Du vermutlich meinen Sarkasmus in diesem Absatz. In meinen Augen gibt es keine faulen Kinder. Leider hält sich diese Annahme bzw. dieser Vorwurf Kindern gegenüber, denen Aufgaben in der Schule keinen Spaß machen, sehr hartnäckig. Doppelt ungerecht dabei: Es trifft jene Kinder, die ohnehin schon besonders kämpfen, um mitzukommen, um gleichwertig zu sein, um das Lob des Lehrers und der Lehrerin, um die Anerkennung der Eltern. Sie haben sich Allgemeinplätze wie „Du musst Dich doch nur besser konzentrieren!", „Unser Träumelieschen muss sich halt mehr zusammenreißen" oder „Der soll mehr lernen, der faule Hund" nicht verdient. Verdient haben sie, dass Bezugspersonen Halt und Stütze nach innen und Fels in der Brandung nach außen sind. Vorwürfe, faul zu sein, sind nicht nur völlig veraltete und schlichtweg falsche „kluge Ratschläge", die Erwachsene schnell bei der Hand haben, sondern sie richten auch noch jede Menge Schaden in der kindlichen Seele an!

Stärken und Schwächen

Die spezielle und individuelle Verknüpfung seiner Hunderten Milliarden Neuronen macht es zu genau dem Kind, das Du so liebst und dessen Stärken Du so schätzt. Ist es nicht völlig verständlich, dass es auch Areale gibt, die nicht gut verknüpft sind? Solange grundlegende Verbindungen nicht oder nur wenig ausgebildet sind, kann Dein Kind manche Leistungen einfach nicht erfüllen. Das Hirn ist zwar kein Muskel, aber aufgrund der Neuroplastizität ist es das ganze Leben lang veränderlich, mit anderen Worten: Menschen sind in jedem Alter lernfähig.

Den meisten Kindern sieht man ihre Schwierigkeiten nicht an. Das bedeutet aber nicht, dass sie nicht vorhanden sind. Würden wir von einem Kind, das im Rollstuhl sitzt, behaupten, dass es faul ist und das Gehen nur nicht üben will? Könnte es denn gehen, wenn es doch ein bisschen fleißiger üben würde? Nein, das könnte es nicht. Würde irgendjemand, geschweige denn die eigenen Eltern, also die direkten Bezugspersonen eines Kindes, denen es vertraut, die es liebhat, die es beschützen und von denen es abhängig ist, von dem Kind verlangen, fleißig gehen zu üben? Würden sie es als faul abstempeln, wenn es das nicht tut? Nein, niemand würde das, denn es ist offensichtlich, dass dieses Kind leider nicht gehen kann und es bedauerlicherweise nie lernen wird.

Ein Kind, das Probleme mit dem Lesen, dem Schreiben oder dem Rechnen hat – trotz ansonsten mindestens durchschnittlich gut entwickelter Intelligenz –, hat keine äußeren Auffälligkeiten. Wenn ärztlich abgeklärt wurde, ob es richtig sieht und hört, scheint alles in Ordnung. Aber Du siehst nicht, dass bestimmte Areale in seinem Gehirn nicht gut zusammenarbeiten. Die einzige Art und Weise, wie Du wahrnehmen kannst, dass Dein Kind Lernprobleme hat, die so groß sind, dass es altersübliche Anforderungen nicht oder nur schwer erfüllen kann, ist sein Hilferuf in Form von Widerstand.

Dieser Hilferuf bleibt aber häufig ungehört. Stattdessen hat sich in unserer Gesellschaft die „Mär vom Auswachsen" verbreitet, also dass sich Schulprobleme irgendwann von selbst lösen würden – das Kind muss nur alt genug werden, und bis dahin muss man eben durch. Der Grund, warum sich diese Ansicht fälschlicherweise so hartnäckig hält, ist zum einen, dass im Laufe des Reifungs- und Wachstumsprozesses bei den meisten Kindern leichte Verbesserungen zu merken sind. Echte, großartige Veränderungen, die eine tatsächliche Erleichterung und die Noten ins Mittelfeld bringen, erfolgen aber ohne Unterstützung nicht. Die Eltern haben irgendwann einmal verstanden, dass sie von ihrem Sprössling nicht mehr erwarten können, und das Kind hat irgendwann einmal verstanden, dass es schon froh sein muss, wenn es irgendwie durchkommt, bis es die Schuljahre endlich abgesessen hat. Grandiose Aussichten für eine glückliche Zukunft und Basis für erfolgreiches Selbstwertgefühl – herzlichen Glückwunsch!

Der zweite Grund, warum es scheint, als wären Lernschwächen im Erwachsenenalter verschwunden, liegt darin, dass jeder Mensch, der die Schule abgeschlossen hat, eigenständig über sein Leben entscheiden darf und sich einen Beruf sucht, in dem er seine Schwächen umgehen und seine Stärken einsetzen kann. Jeder vernünftige Mensch vermeidet von nun an, sich tagtäglich dem Kampf und der Scham auszusetzen, etwas zu tun, was er nicht (gut) kann bzw. worin alle anderen um ihn herum besser sind. Dein Kind hat diese Chance in der Schule nicht. Kinder werden über neun bis zwölf oder vielleicht noch mehr Jahre jeden Tag mit der Nase darauf gestoßen, worin sie schwach sind, womit sie sich mehr beschäftigen müssen, um mit Müh' und Not auf ein Mittelmaß zu kommen. Sie sind jeden Tag Druck und Kritik ausgesetzt und sollen Aufgaben bewältigen, die ihnen zu schwer sind. Mit etwas Glück merkt ein Kind das nur selbst, meistens merkt das die ganze Klasse.

Du als Erwachsener darfst frei wählen, womit Du Dich beschäftigst. Ja, Du hast Pflichten, keine Frage. Aber Du hast Dir den Beruf gesucht, der Deiner Veranlagung, Deinem neuronalen Netzwerk und Deiner dominanten Gehirnhälfte entspricht. Du entscheidest, welche Hobbys Du hast, ob Du Sport treibst oder Deine Zeit lieber mit Musik oder Kunst verbringst. Geht es nicht mehr um die persönliche Schwäche, ist das Lernproblem plötzlich verschwunden – Simsalabim! Ich bin davon überzeugt, dass jede (ehemalige) Lernschwäche sofort wieder auftauchen würde, wenn man erneut die Schulbank drücken müsste, denn die Ursache wurde nicht behoben, nur das Symptom beseitigt, indem die eigene Unfähigkeit, dieses oder jenes zu tun, nicht mehr zur Schau gestellt werden muss.

Denken wir an das bei vielen so unbeliebte Fach Mathematik: Wer sich darin geplagt hat und entweder gut gemeinte reguläre Nachhilfe oder gar keine Hilfe bekommen hat, wird irgendwann heilfroh sein, dieses Fach mit Abschluss der Schule möglichst für immer hinter sich zu lassen. Im Alltag gibt es Taschenrechner, Excel-Programme oder andere Hilfen, mit denen diese Schwierigkeit für einen Erwachsenen schnell und einfach kompensiert werden kann. Dasselbe gilt für Menschen mit Rechtschreibproblemen und die Nutzung von Textverarbeitungsprogrammen.

Ich muss Dich also leider enttäuschen: Nein, Schulprobleme wachsen sich nicht aus im Sinne von „sich auflösen". Sie wachsen sich aber durchaus aus im Sinne von „vergrößern, austreiben, weiterwachsen", wenn nicht geholfen wird. Um zu helfen, muss die Ursache der Schwierigkeit gefunden werden. Weder ein hypertoner noch ein hypotoner Tonus wachsen sich aus, sondern bilden weiterhin Blockaden, die eine Automatisierung von Lerninhalten erschweren. Kaum verknüpfte Areale im Gehirn wachsen sich nicht aus. Sie bleiben ohne entsprechendes Training und Anregungen, wie sie sind; ohne Zutun bilden sie keine neuen Synapsen. Die differente Wahrnehmung von Reizen, durch die Entwicklungslücken entstehen, wächst sich nicht aus. Keine dieser Ursachen für einen mangelhaften Schulerfolg wird sich von selbst legen. Sie wird vielleicht überlagert, und möglicherweise lernt Dein Kind, die eine oder andere Ursache notdürftig und mit viel Kraftanstrengung zu kompensieren.

Schiebt Dein Kind seine Hausübung den ganzen Nachmittag lang vor sich her oder kann vor Verzweiflung nicht mehr arbeiten, sitzt vor dem aufgeschlagenen Heft und ist nicht fähig, die Aufgabe zu Ende zu bringen, dann schau doch bitte hin und sieh, dass es überfordert ist. Sein Widerstand ist ein Hilferuf, den es nicht als solchen ausspricht, weil es dies noch nicht reflektieren kann. Bitte, versteh diesen Widerstand und handle danach, statt Dich über seine vermeintliche Faulheit zu ärgern. Das, was Dein Kind nicht kann und ablehnt, ist nur das Symptom, das sichtbar wird. Findest Du die Ursache, könnt Ihr gemeinsam daran arbeiten. Ist die Ursache behoben, wird das Symptom verschwinden.

Kurz zusammengefasst

Wir Menschen sind von Geburt an wissbegierig und deshalb so veranlagt, dass wir gerne lernen und probieren. Was neu ist, weckt Interesse und Aufmerksamkeit besonders und bringt die Entdeckerfreude zum Vorschein, sofern die Beschäftigung der von der Natur vorgegebenen Lernart entspricht. Alles fällt uns leicht, wenn unser neuronales Netzwerk gut entwickelt, die Gehirnareale gut verknüpft und alle körperlichen Voraussetzungen geschaffen sind. Dann lösen wir mit Freude Aufgaben, die herausfordernd sind, aber nicht zu schwer und auch nicht zu leicht, sonst werden sie uninteressant. Lehnt ein Kind Aufgaben, Rätsel und Spiele ab, so sind sie ihm zu schwierig, es fühlt sich überfordert und zeigt aktiven oder passiven Widerstand.

Die gute Nachricht: Aufgrund der Neuroplastizität des Gehirns können wir lebenslang immer neue Verknüpfungen bilden und somit weniger gut eingebundene Areale besser vernetzen und nutzen. Der Prozess erfolgt aber nicht von heute auf morgen. Deshalb: Warte nicht auf ein kleines Wunder, denn von selbst wird es nicht besser – es braucht Zeit, Geduld und liebevolle, aber konsequente Unterstützung. Hilf Deinem Kind am besten schon ab heute!

Bist Du nach den letzten Absätzen immer noch der Meinung, Dein Kind sei faul, wenn es das Schreiben, die Lesehausübung oder die Rechenbeispiele ablehnt? Bevor sich grundlegende Fähigkeiten und Fertigkeiten nicht auf ein altersentsprechendes Niveau entwickelt haben, ist stures Pauken nicht nur sinnlos, sondern verdirbt Deinem Kind jegliche Neugier auf Dinge, die es künftig zu lernen haben wird.

In schwierigen Lernsituationen können Dir meine beiden Faustregeln helfen:

1. Ich will nicht = ich kann nicht

Der Widerstand Deines Kindes ist ein Hinweis. Er hilft Dir dabei, zu erkennen, wo die Ursachen seiner Schwäche liegen, und daran zu arbeiten.

2. Ich kann von Dir nichts erwarten, wozu ich nicht selbst bereit bin

Leb Deinem Kind vor, was Du von ihm erwartest.

Dein Kind soll nicht naschen, deshalb versteckst Du die Süßigkeiten, die Du für Dich kaufst, im Keller? Dein Kind soll Wasser trinken, weil es gesünder ist, aber Dir schmeckt das langweilige Zeug nicht? Dein Kind soll kein Smartphone benutzen, aber Du treibst Dich gerne in Social-Media-Kanälen herum?

So geht das nicht! Du hast eine Vorbildwirkung! Wenn Du willst, dass sich Eure Probleme ändern, musst Du bei Dir anfangen. Du kannst andere nicht ändern, Du kannst nur ändern, was Du selbst tust – auch wenn das möglicherweise unbequem ist. Deine eigene Veränderung ist der Stein, der alles ins Rollen bringt.

Teil 2

... in dem ich Dir zeigen möchte, welche Hindernisse auf unsere Denk- und Lernprozesse einwirken und wie sie das reibungslose Weiterkommen Deines Kindes in der Schule erschweren können.

2 Lernen und Chemie

Die Grundlage für die Bildung neuer Synapsen sind Stoffwechselvorgänge. Unser Gehirn benötigt neben Fett und Glukose auch Vitamine, Mineralstoffe und Spurenelemente. Insofern ist eine möglichst hochwertige, gesunde und ausgeglichene Ernährung unerlässlich, um die Lernfähigkeit, die entsprechende Arbeitshaltung und Motivation sowie die nötige Entspannungsfähigkeit möglichst effizient zu unterstützen. Dabei wird die Wirkung von Wasser, Zucker, Salz und Weizen häufig unterschätzt.

Wasser

Ich arbeite nur mit Kindern, bei denen ich sicher sein kann, dass ihr Wasserbedarf gedeckt ist, denn sonst gibt es bei gleichem Input viel weniger Output. Selbst wer keinen Durst hat, kann drei oder vier Schlucke trinken. Leider nehmen die wenigsten Kinder Leitungswasser zu sich, sondern bevorzugen Eistee, Limonaden oder andere gesüßte Getränke wegen des Geschmacks.

Zum besseren Verständnis

Ein gut mit Wasser versorgter Körper ist die absolute Grundlage dafür, dass Reize auf unseren Nervenbahnen schnell ins Gehirn weitergeleitet werden. Das hat mit der elektrischen Ladung der Reize zu tun, diese werden über Wasser natürlich besser weitergeleitet. Sobald Zucker ins Spiel kommt, gilt das Getränk für den Körper als feste Nahrung. Wasser wird sofort im Körper aufgenommen, während zuckerhaltige Getränke verdaut werden müssen. Häufig haben Eltern Bedenken, dass ihre Kinder nicht genug trinken, und bieten deshalb Produkte mit Geschmack an, angefangen von Fruchtsäften bis hin zu gesüßten Tees und Dicksaft.

Kann Dein Kind bei den Mahlzeiten nicht auf Getränke mit Geschmack verzichten, so sorge zumindest unmittelbar vor dem Lernen für genug Flüssigkeit: ein großes Glas frisches Leitungswasser für Dich und ein kleines Glas für Dein Kind. „Auf die Plätze – fertig – prost!" Wer hat sein Glas schneller leer getrunken? Das macht Spaß, und die Extraportion H_2O tut allen gut!

Zucker

Immer wieder hört man, wie ungesund Zucker ist – dabei essen Kinder gesüßte Speisen so gerne. Zucker ist ein wichtiger Energielieferant, der unseren Körper am Laufen hält. Unser Gehirn benötigt Zucker zum Arbeiten, fast 150 g Glukose pro Tag. Bei Müdigkeit macht Traubenzucker kurzfristig wieder fit. Zucker ist sogar so wichtig, dass unser Körper ihn durch das Aufspalten von Kohlenhydraten wie Nudeln oder Brot selbst produzieren kann. Warum wird von Haushaltszucker dann abgeraten?

Es gibt verschiedene Arten von Kohlenhydraten, nämlich solche mit langen und solche mit kurzen Zuckerketten. Zucker aus Kohlenhydraten mit kurzen Zuckerketten gelangt als Glukose sehr schnell ins Blut und wird dort vom Gehirn als Treibstoff, aber auch zur Bildung von Neurotransmittern verwendet.

Zum besseren Verständnis

Haushaltszucker besteht zu etwa zwei Dritteln aus Glukose. Im Vergleich zu Kohlenhydraten mit langen Zuckerketten muss der Körper die kurzen Zuckerketten der Glukose nicht aufspalten, sondern kann den Zucker direkt aufnehmen. Das bedeutet, dass sich der Blutzuckerspiegel schnell erhöht. Bei vielen Kindern macht sich fast sofort, nachdem sie ein Kuchenstück oder eine Nascherei bekommen haben, ein Energieschub bemerkbar. Leider zeigt er sich zumeist nicht in Form von erhöhter Lernbereitschaft, sondern als exzessiver körperlicher Bewegungs- oder Erzähldrang, der aufmerksames Lernen oder konzentriertes Arbeiten sehr erschwert. Bekommt Dein Kind im Laufe des Tages regelmäßig Zucker in Form von Getränken, Süßigkeiten, Belohnungen etc., erlebt es eine Serie von erhöhten Blutzuckerspiegeln, die wieder abgebaut werden müssen.

Im Gegensatz dazu braucht unser Körper deutlich länger, um Kohlenhydrate mit langen Zuckerketten zu verdauen, weil der Prozess des Aufspaltens mehr Zeit benötigt. So gelangt die Energie langsam ins Blut. Der Blutzuckerspiegel erhöht sich ebenfalls nur langsam, und das Bedürfnis, ihn durch Bewegung wieder abzubauen, entsteht nicht.

Bei der Empfehlung, Zucker zu vermeiden, geht es nicht darum, Dein Kind auf Diät zu setzen, sondern darum, sinnvolle Alternativen zu finden. Wenn Du von fertigen Produkten Abstand nimmst und Getränke stattdessen selbst herstellst, weißt Du ganz genau, was drin ist, und kannst dies selbst bestimmen. Kinder haben Spaß beim Experimentieren, Rühren und Pantschen. Gemeinsam könnt Ihr Eure Lieblingsrezepte mit Birkenzucker backen oder mit wenig Aufwand wunderbare Getränke zaubern.

Schritt 1: Selbstgemachter Eistee

Dazu nimmst Du Früchte- oder Kräutertee und brühst ihn mit sprudelnd kochendem Wasser auf. Nimm mehr Tee als laut Packungsanweisung, damit es intensiver schmeckt. Süß den Tee dann mit Honig, Agavendicksaft oder Reissirup, alles Zutaten, die Du in Drogerien leicht erhältst. Künstliche Süßstoffe mit Aspartam und Saccharin sind kein guter Ersatz. Stevia könnte noch eine Alternative sein, aber viele Menschen mögen den Nachgeschmack davon nicht. Nach dem Auskühlen wird der Tee in eine Kanne umgefüllt und kaltgestellt. Wenn Du Dein Kind erfolgreich auf selbstgemachten Eistee umgestellt hast, kannst Du nach und nach weniger süßen.

Schritt 2: Gewürztes Wasser

Dafür kannst Du beispielsweise einen Zweig Pfefferminze und eine in Scheiben geschnittene Limette in einen großen Krug geben, eine Viertelstunde kaltstellen und dann genießen. Das entnommene Wasser einfach mit neuem Wasser aus der Leitung auffüllen. Du kannst die Pfefferminze durch Zimtrinde, Melisse, Rosmarin, Salbei oder Lavendel ersetzen. Anstelle der Limette kannst Du auch eine Zitrone, eine Orange oder Melonenstücke verwenden. Auch Gurken, die Kurkumawurzel oder Ingwer bieten sich dafür an. Und wenn Du Dein Immunsystem unterstützen möchtest, gibst Du in das gemischte Wasser immer drei oder vier Gewürznelken. Probier einfach aus, welche Mischungen Euch besonders schmecken.

Wenn das Wasser nicht intensiv genug schmeckt, kannst Du es mit den oben genannten Zutaten aufkochen – oder auch mit Beeren, getrockneten Früchten wie Marillen oder Cranberrys oder einer Kardamomkapsel. Wenn Du beispielsweise abends drei Liter Wasser aufkochst, ist das Wasser in der Früh wieder erkaltet und kann mit Kräutern versehen im Kühlschrank für den Tag aufbewahrt werden.

Weizen

Wenn Du eine Semmel länger kaust, schmeckt sie leicht süßlich – ein Hinweis auf die kurzen Zuckerketten im Weizen. Abgesehen davon hat dieses Getreide noch eine andere, wenig förderliche Komponente. Mit zunehmender Bevölkerungsdichte wurde es notwendig, weltweit immer mehr Menschen zu ernähren. Deshalb wurden die Getreidesorten dahingehend manipuliert, besonders widerstandsfähig gegen Pilze und Schädlinge zu sein, damit der Ertrag höher ist. Das ist gut gemeint und wichtig, wenn es um den Hunger in der Welt geht. Aber viele Menschen reagieren auf den hochgezüchteten, genetisch veränderten Weizen. Krankheiten wie Zöliakie oder allergische Reaktionen wie Schwellungen, juckende Quaddeln oder Ekzeme sowie Verdauungsprobleme und Blähungen sind bekannt. Weniger bekannt sind Entzündungen, die Weizen auch im Gehirn verursachen kann. Nicht nur aufs Lernen hat das einen Einfluss, es kann auch das Auftreten von Demenz beschleunigen.

Wenn Du selber gerne kochst, kannst Du deine Lieblingsrezepte wie gewohnt zubereiten, dabei aber Weizenmehl oder Produkte aus Weizenmehl durch Dinkel ersetzen. Es gibt glattes Dinkelmehl und unterschiedliche Sorten von Vollkorndinkelmehl sowie Produkte daraus, etwa

Nudeln und Gebäck in jedem Supermarkt, auch bei den Diskontern. Dinkel und Weizen haben die gleiche Abstammung, aber nur der Weizen wurde verändert.

Dinkelbrot

Für den Fall, dass Du Dich in der Küche für nicht begabt hältst, habe ich hier ein ganz einfaches Rezept für Einsteiger, das leicht gelingt. Probiert es doch gemeinsam aus!

Du gibst 700 g glattes Dinkelmehl zusammen mit 1 Esslöffel Salz und 1–2 Esslöffeln Brotgewürz in eine Schüssel. Dann rührst Du 1 Würfel frische Hefe in 500 ml lauwarmem Wasser auf, gibst 1 Esslöffel Honig und 2 Esslöffel Apfelessig dazu und gießt diese Mischung über das Mehl. Dann rührst Du um, bis sich alles gut vermischt hat. Lass alles an einem warmen Ort etwa 30 Minuten rasten. Dann nochmals rasch durchmischen und den Teig in eine Form oder einen Topf füllen, den Du vorher mit Fett ausgestrichen und mit Mehl bestreut hast. Ein Gefäß, das Du zudecken kannst, eignet sich besonders gut. Nach 45 Minuten im Ofen – Heißluft bei 160 Grad – ist das Brot fertig und genussbereit.

Salz

Tu Deiner Familie etwas Gutes, indem Du sowohl Salz reduzierst als auch auf die Verwendung von künstlichen Geschmackstoffen, Geschmacksverstärkern und Glutamat verzichtest und, wo immer möglich, Junkfood und Fertigprodukte meidest, auf denen meistens eine ganze Liste von „E-Zutaten" zu finden ist. Denk- und Lernfunktionen können dadurch insofern beeinflusst werden, weil sich die Adern verengen und weniger gut durchblutet sind, was sich wiederum auf die Gedächtnisfunktion und die Leistungsfähigkeit des Gehirns auswirkt. Salz kannst Du reduzieren, oder Du greifst zu Produkten aus dem Reformhaus (Ursalz, Kräutersalz, Selleriesalz etc.). Suppenpulver lässt sich gut durch 2 oder 3 Esslöffel feingeriebene Sellerie ersetzen. Entweder achtest Du darauf, immer eine Knolle zu Hause zu haben, oder Du reibst eine ganze Knolle, lässt sie trocknen (beispielsweise über Nacht im Backrohr bei 50 Grad) und bewahrst die Würze in einem Glas auf. Bitte trocken lagern!

Fluorid

Aus unterschiedlichen wissenschaftlichen Studien geht hervor, dass Fluorid in Zahnpasta sich negativ aufs Gehirn auswirken und zu Aufmerksamkeitsproblemen führen kann. Ich war an diesen Studien zwar nicht beteiligt, ich weiß aber, dass Fluorid immer wieder Thema für Diskussionen ist. Da es Zahnpflegeprodukte gibt, die bewusst ohne Fluorid produziert werden – warum nicht stattdessen diese kaufen?

Du findest Zahnpasta ohne Fluorid in gängigen Drogerien, allerdings nicht bei den Zahnputzartikeln, sondern bei der Naturkosmetik um einen Aufpreis von wenigen Euro.

Was will ich Dir in diesem Kapitel zeigen?

Obwohl wir es im Grunde wissen, ignorieren wir häufig, wie stark die Nahrung unsere neurobiologischen Funktionen beeinflusst. Wir messen der positiven Bedeutung von Wasser auf unseren Körper zu wenig Bedeutung bei, dafür unterschätzen wir die negativen Auswirkungen kurzer Zuckerketten auf den Lernerfolg.

Hausübung für Eltern

Was könntest Du in der Ernährung Eurer Familie ohne viel Mühe umstellen?

....

....

....

....

....

....

Schon gewusst?

Eine Studie hat gezeigt, dass 90 % jener Kinder, bei denen ADS oder ADHS diagnostiziert wurde, nach einer Ernährungsumstellung keine Symptome mehr zeigten. Auch wenn Dein Kind vermutlich kein ADS oder ADHS hat, wird es sich mit mehr Wasser und weniger Zucker im Körper besser auf Hausübungen, den Unterricht oder auch außerschulische Aufgaben konzentrieren können.

Buchtipp

David Perlmutter: „Dumm wie Brot. Wie Weizen schleichend Ihr Gehirn zerstört". Mosaik-Verlag, 2014.

William Davis: „Weizenwampe: Warum Weizen dick und krank macht". Goldmann-Verlag, 2013.

3 Lernen und Bewegung

(mit Julia Gekle)

Wenn von Bewegung die Rede ist, ist meistens körperliche Ertüchtigung oder Sport gemeint. Wenn ich jedoch im Zusammenhang mit Lernen von Bewegung spreche, meine ich etwas anderes. Jede Bewegung, die wir ausführen, spiegelt sich in unserem Gehirn wider, weil sie von dort gesteuert wird. Auch bei Bewegungsabläufen ist es so, dass wir für alles, was wir gut können, viele synaptische Verbindungen angelegt haben. Der Umkehrschluss daraus ist, dass für Bewegungsabläufe, die wir weniger gut beherrschen, nur wenige synaptische Verbindungen angelegt sind, unabhängig davon, ob es sich um grob- oder feinmotorische Leistungen handelt, um Sportarten oder Koordinationsabläufe. Jede Bewegung fördert das Zusammenspiel beider Gehirnhälften, weil Bewegungen in der Regel nicht einseitig ausgeführt werden, sondern beidseitig, also beide Gehirnhälften für die Ausführung aktiv werden.

Regelmäßige Bewegung kann einen Beitrag für die Erhaltung unserer Gesundheit leisten, ist aber nur bedingt eine Unterstützung, wenn es um den Lernerfolg geht. Regelmäßiges Training kann Disziplin und Durchhaltevermögen fördern und ist auch gut für die Atmung und den Stoffwechsel. Sollte es Koordinationsprobleme geben oder Schwierigkeiten bei grob- oder feinmotorischen Abläufen, empfiehlt sich eine Überprüfung der Tonusregulation. Eine zu hohe oder niedrige Körpergrundspannung, verbunden mit persistierenden (bleibenden) frühkindlichen Reflexen, ist eine mögliche und nicht seltene Ursache bei Lernproblemen.

Wenn Du den Begriff „Tonus", oder „Körpergrundspannung" hörst, denkst Du aber vermutlich wieder an Aktivität, Sport und Bewegung. Zur Erläuterung: Unsere muskuläre Grundspannung wird von unserem Zentralnervensystem gesteuert und reguliert, und zwar von den ältesten Teilen, dem Hirnstamm und dem Kleinhirn, in komplexem Zusammenspiel mit anderen Gehirnregionen. Die Grundspannung hat entscheidende Auswirkungen auf sämtliche Körpersysteme, also nicht nur auf die aktive Skelettmuskulatur, sondern auch auf die glatte Eingeweidemuskulatur und die feinen Muskelfasern in unseren Gefäßen und in Haut- und Bindegewebe. Klassischer Ausdauersport und Muskeltraining haben auf die Grundspannung keinen wesentlichen Einfluss.

Nicht immer erfüllt das Gehirn diese Aufgabe optimal. In Zusammenhang mit Problemen während der Schwangerschaft oder der Geburt lassen sich häufiger Unregelmäßigkeiten bei der Tonusregulation beobachten. So etwa bei kleinen Frühchen, nach einem Sauerstoffmangel, auch etwas öfter bei Kindern, die durch Kaiserschnitt zur Welt kommen. Ebenso ist eine unregelmäßige Tonusregulationsschwäche bei definierten Krankheitsbildern und genetischen Besonderheiten, aber auch bei vielen Kindern ohne erkennbare Ursache zu beobachten.

Ist der Tonus nicht optimal reguliert, bleibt die Muskelspannung instabil und die sogenannten frühkindlichen Reflexe (Synonym: Primitivreflexe) können häufig über einen zu langen Zeitraum hinweg ausgelöst werden. Dabei handelt es sich um Bewegungsmuster, die bereits vorgeburtlich angelegt sind und in den ersten Lebensmonaten noch hervorgerufen werden können. Einige Beispiele dafür sind: Handgreifreflex, MORO-Reaktion, Fechterstellung, symmetrisch-tonische Reflexe.

Wenn die frühe Entwicklung ganz nach Plan verläuft, so werden diese reflexhaften, unreifen Bewegungsmuster von motorisch reifen und zunehmend gezielten Bewegungen abgelöst. Die Reflexe werden nach und nach schwächer, bis sie nicht mehr ausgelöst werden können. Bei immer mehr Kindern ist dies nicht der Fall – oftmals ohne Diagnose und ohne dass die Umwelt dies erkennt. Wenn frühkindliche Reflexe zu lange bestehen bleiben (persistieren), stören sie die gesunde sensomotorische Entwicklung. Die Körperkoordination kann sich nicht frei entwickeln. Dies hat einen sehr großen Einfluss auch auf gutes Lernen und Arbeiten, denn unsere Großhirnhälften können nur schnell genug zusammenarbeiten, wenn die Körperkoordination frei ist.

Die Begründerin der Rota-Therapie, Heilpraktikerin und Physiotherapeutin Doris Bartel, schreibt dazu in ihrem Buch „Rotation – Nahrung für das Gehirn“: „Hat ein Reflex seine Aufgabe in einem bestimmten zeitlichen Rahmen erfüllt, so wird er von willkürlichen Bewegungen, die auf höherer Ebene der Gehirnentwicklung stattfinden, abgelöst und integriert. Bleiben frühkindliche Reflexe zu lange aktiv, so deutet dies auf eine Unreife des Zentralnervensystems hin“.

Zum besseren Verständnis

Eine Tonus-Fehlregulation mit oder ohne Reflexbelastung stellt ein physiologisches, also körperliches Handicap dar, das sich auf alle Lebensbereiche auswirken kann. Betroffene Kinder können ihr volles Potenzial trotz hoher Intelligenz und gutem Willen nicht entfalten.

Sie fahren wie mit angezogener Handbremse. Der Körper ist ständig bemüht, die muskuläre Instabilität auszugleichen. Das kostet extra Energie, die in der Folge bei der kognitiven Entwicklung, bei Konzentration, Aufmerksamkeit und ausdauerndem Arbeiten fehlt. Frustration und Vermeidungsverhalten bis hin zu Verweigerung sowie aggressives oder depressives Verhalten sind häufige Folgeerscheinungen. Einseitige Sitzpositionen, verkrampfte Stifthaltung und eine angespannte Mundpartie sind oft instinktive Versuche, die Fehlspannung zu kompensieren, und können sich im Laufe der Zeit in körperlichen Beschwerden manifestieren.

Bei Überspannung (Hypertonus): frühkindliche Entwicklung eher verfrüht; motorische Unruhe, häufig auch im Schlaf; das Kind kommt nicht oder nur schwer zur Ruhe, ADHS-Symptomatik, Verdauungsprobleme; enge Hüften, enger Kiefer, Zähneknirschen; häufig steife Bewegungsübergänge u. v. m.

Bei Unterspannung (Hypotonus): frühkindliche Entwicklung eher verzögert; schlechte Körperhaltung, muss den Kopf aufstützen, großes Schlafbedürfnis, schnell erschöpfbar; motorische Ungeschicklichkeit; verträumt, ADS-Symptomatik; träge Verdauung, fehlender Mundschluss, speicheln, u. v. m. Häufig wird beobachtet, dass Kinder mit einer Unterspannung als Folge von Kompensationsmustern Symptome einer Überspannung entwickeln.

Da der Tonus maßgeblichen Einfluss auf die Wahrnehmung hat, weisen alle Kinder mit einer Regulationsschwäche auch Defizite in diesem Bereich auf. Das kann sich im Alltag z. B. in einer Verminderung von Schmerz- oder Temperaturempfinden einerseits oder Hypersensitivität andererseits zeigen – oder eben im Lernverhalten. Mögliche Symptome einer Tonus-Fehlregulation können Dyspraxie (Ungeschicklichkeit),

Dyskalkulie (Rechenschwäche) oder Legasthenie sein, was man auch beim Zusammenlauten, also dem Zusammenfügen von Buchstaben zu Silben und von Silben zu einem Wort sowie beim Lesenlernen bemerkt (z. B. wenn das Kind Buchstaben auslässt), beim Abschreiben von der Tafel, durch zu langsames Arbeitstempo oder eine verkrampfte Stifthaltung. Auch eine zu starke Nackenbeugung (Nase berührt fast das Heft) oder Probleme mit der Augen-Hand- und/oder Hand-Hand-Koordination können auftreten. Tonusfehlregulationen zeigen sich auch bei Schwierigkeiten, die Körpermittellinie zu kreuzen, also mit der rechten Hand etwas im linken Körperbereich zu tun und vice versa. Auch das ist eine Fähigkeit, die automatisiert sein muss, damit strukturiertes Schreiben im Heft, das Zeichnen von Linien mit dem Lineal und anderes klappen kann. Häufig wirken die Kinder verträumt, ihre Konzentration und Ausdauer sind mangelhaft oder sie wirken unruhig, sind ständig in Bewegung und leicht abzulenken oder schreckhaft.

Ich möchte an dieser Stelle die Rota-Therapie als einen Weg der wirksamen Ursachenbehandlung anführen: Im Idealfall reift unser Zentralnervensystem im Laufe der Bewegungsentwicklung und angeregt durch diese im ersten Lebensjahr vollständig aus. Die Rota-Therapie greift die Bedingungen dieser motorischen Entwicklung mit gezielten Übungen auf und bahnt auf diese Weise eine Nachreifung des motorischen Systems an. Rota-Therapie kannst bzw. sollst Du täglich zu Hause anwenden. Was Du dabei tun sollst, können Dir Fachleute in Einzelterminen zeigen.

Andere, einfache Bewegungen, bei denen Du nichts falsch machen kannst, kommen aus der Edukinestetik, also aus einem Teil der Kinesiologie. Nein, das hat nichts mit irgendwelchen esoterischen Ritualen zu tun, und es als Pseudowissenschaft abzutun, ist unbegründet! Die Kinesiologie ist schlicht und einfach die Lehre von der Bewegung. Das Wort setzt sich aus den griechischen Wörtern kinesis (Bewegung) und logos (geistiges Vermögen, Wissenschaft) zusammen, bedeutet also etwa: „Wissenschaft von der Bewegung". Die Bewegungsabläufe der Kinesiologie aktivieren bestimmte Hirnareale und helfen auf diese Weise, Lernprozesse zu erleichtern. Auch die oben beschriebene wichtige Fähigkeit, die Mittellinie zu kreuzen, kann durch bestimmte Bewegungen erreicht werden.

Es gibt ein paar sehr einfache Übungen, die Kindern dabei helfen, ihre Aufmerksamkeit besser zu steuern und die sie in kurzer Zeit wieder fit im Kopf machen. Dazu gehört die sogenannte Überkreuzbewegung. In dem Buch „Löwen gähnen niemals leise" von Lene Mayer-Skumanz wird sie als Schuhplattler bezeichnet, was ich übernommen habe. Im ersten Schritt dieser Übung hebst Du Dein linkes Knie etwa hüfthoch und klatschst mit der rechten Hand darauf. Danach passiert dasselbe mit dem rechten Knie und der linken Hand. Das machst Du für zwei oder drei Minuten. Wenn Dein Kind diese Übung schon gut beherrscht, könnt Ihr es schwerer machen: Dann wird nicht auf das Knie, sondern auf die Fußsohle geklatscht, das Bein muss also höher gehoben werden. Auch eine lustige Bewegung ist es, den Oberschenkel gerade auszustrecken und den Unterschenkel nach oben zu schwingen. Und wer es noch etwas komplizierter möchte, der kann die Überkreuzbewegung hinter dem Rücken machen.

Wenn all das schon gut gelingt, dann macht Ihr Euch einen Farbcode aus: Rot = aufs Knie klatschen, blau = auf die Fußsohle klatschen, grün = Überkreuzbewegung hinter dem Rücken und gelb = auf das gerade, gestreckte Bein klatschen. Während der Übung ruft Ihr einander spontan Farben zu und dann wird die entsprechende Bewegung gemacht. Ihr könnt neue Bewegungen mit neuen Farben dazuerfinden. Viel Spaß dabei!

Übrigens: Bei Kindern mit einer Tonusregulationsschwäche ist diese Übung und ihre Varianten im Sitzen zu empfehlen.

In der Kinesiologie spielt die Acht bzw. das Unendlich-Zeichen eine große Rolle. Die amerikanische Psychologin Deborah Sunbeck hat sich viel mit den neurobiologischen Auswirkungen dieses Bewegungsablaufs auf das menschliche Gehirn beschäftigt und herausgefunden, dass das Gehen einer imaginären Acht auf dem Boden und gleichzeitig stattfindendes Lernen eine besondere kognitive Aktivierung bewirkt und dabei Blockaden aufgelöst werden bzw. wiederum neue Verknüpfungen entstehen.

Gerade motorischen Lerntypen, die bei Denkarbeit nicht gerne stillsitzen, sondern Unterstützung in Form von Bewegung brauchen, kommt das sehr entgegen, aber auch allen anderen Lerntypen. Egal ob es um das Üben des kleinen Einmaleins, um das Alphabet, um Referate oder das Buchstabieren von Worten geht – jeglicher Lerninhalt kann gelernt werden, während man ein paar Runden auf der Acht dreht. Such Dir einen freien Bereich, der mindestens 10 m^2 groß ist, und stell Dir vor, auf dem Boden wäre eine ca. 2 m große und 1 m breite Acht aufgemalt. Wenn Dir diese Vorstellung schwerfällt, kannst Du zwei Gegenstände mit ca. 1,5 m Entfernung auf den Boden stellen und um sie herum in Schleifen Deine Kreise bzw. Deine Acht ziehen.

Was will ich Dir in diesem Kapitel zeigen?

Bewegung ist nicht nur für den Körper wichtig, sondern auch für alle Denk- und Lernfunktionen, weil Bewegungsabläufe den je korrespondierenden Bereich im Gehirn aktivieren. Neue Bewegungsmuster bilden neue Synapsen, bekannte Bewegungsmuster vertiefen die Verbindungen. Sport ist eine gute Ergänzung, kann aber im Falle eines unausgeglichenen Tonus nicht helfen.

Hausübung für Eltern

Rota-Therapie – Tonusregulation, Kinesiologie, Gehen entlang der Acht: Such Dir etwas davon aus und setz Dich ein bisschen damit auseinander. Hier kannst Du Dir zentrale Ideen notieren.

....

....

....

....

....

....

Schon gewusst?

In unterschiedlichen, hauptsächlich neurophysiologischen Therapieformen kommt das wertvolle Wissen um Tonusregulation und frühkindliche Reflexe immer mehr zur praktischen Anwendung. Nachdem es in Medizin und Therapie jahrzehntelang stiefkindlich behandelt wurde, wird nun immer deutlicher, welch weitreichende Folgen sich durch eine instabile Körpergrundspannung und Reflexbelastung ergeben. Zahlreiche Studien zeigen die Auswirkungen von persistierenden frühkindlichen Reflexen auf das Lernverhalten, auf die visuelle und auditive Verarbeitung und die Aufmerksamkeit.

Buchtipp

Doris Bartel: „Rotation – Nahrung für das Gehirn: Eine neurophysiologische Therapie für die gesunde Tonusregulation". BoD, 2016.

Deborah Sunbeck: „Was die Acht möglich macht". VAK, 2005.

4 Lernen und Motivation

Bitte blick zurück auf die Zeit, in der Dein Kind ein Baby oder Kleinkind war: Kannst Du Dich daran erinnern, dass Du es motivieren musstest, etwas zu üben oder zu lernen? Das war nicht notwendig, weil in diesem Alter Lernen praktisch ständig passiert, ganz wie von selbst und mit viel Freude und Eifer, denn es entspricht unserer neurobiologischen Veranlagung. Es gibt noch keine Lehrpläne und Kompetenzchecks und schon gar keine Überprüfungen. Lernen darf noch seine eigene Geschwindigkeit haben: ohne Druck, eben den eigenen Begabungen entsprechend, mit Leichtigkeit, ohne Quälerei und Überwindung, aber stattdessen mit regelmäßigen Erfolgserlebnissen.

Der Grund, warum uns diese Art von Lernen Spaß macht und beschwingt, ist, dass das Gehirn ständig nach Belohnung giert. Das Verlangen nach Bestätigung entsteht in der Großhirnrinde, die mit dem limbischen System kommuniziert. Der Botenstoff für den Belohnungseffekt ist das Dopamin, welches das Verlangen in uns auslöst, also die

Motivation, etwas zu tun, um schließlich die Belohnung dafür erwarten zu können, dass etwas gelungen ist, dass wir eine bestimmte Leistung erbracht haben. Je öfter eine Leistung gelingt, desto öfter möchte das Gehirn dieses Belohnungsgefühl empfinden. Den Drang, zum Erfolg zu gelangen, nennen wir Motivation.

Genau das Gegenteil passiert, wenn wir regelmäßig die Erfahrung machen, dass wir etwas nicht schaffen. Wir wissen schon im Voraus, dass es keine Belohnung geben wird. Der Körper wird bei dieser Aktivität kein Dopamin ausschütten, sondern umgekehrt: Je öfter wir Erfahrungen von Misserfolg machen, desto mehr wird sich unser Gehirn weigern, weil es eben das, was es gerne möchte - das Gefühl der Belohnung - sicher nicht erhalten wird.

Zum besseren Verständnis

Das Belohnungssystem ist, so wie das gesamte Gehirn, nicht ein Leben lang konstant aktiv, sondern verändert sich laufend. Bei jüngeren Menschen ist eine stärkere Aktivität im präfrontalen Cortex messbar, wenn die Dopamin-Ausschüttung hoch ist. Daraus kann man ableiten, welch große Rolle Dopamin beim Lernen spielt. Aber nicht nur beim Lernen, auch beim Spielen am Computer, auf Play Stations etc. kommt es zu Dopamin-Ausschüttungen, weil dem Gehirn ein vermeintlicher Erfolg vorgetäuscht wird, der leicht zu erreichen ist. Verständlich, dass besonders Kinder und Jugendliche gerne hineinkippen, wenn die Spielzeit nicht reguliert wird.

Das Gehirn überprüft bei allen Handlungen, ob sie mit Lustempfindungen verbunden sind oder nicht. Werden positive Empfindungen ausgeschüttet, fühlen wir uns motiviert. Sobald das Lernen gute Gefühle in uns hervorbringt, haben sich neuronale Verknüpfungen neu gebildet,

Areale sind besser verbunden, Reize werden leicht und effizient in den dafür vorgesehenen Gehirnbereichen verarbeitet. Wir sind auf dem besten Weg zur Automatisierung, die es ermöglicht, Erlerntes ohne bewusstes Nachdenken wie von selbst umzusetzen.

Ob Lernen erfolgreich ist, hängt auch mit der Amygdala zusammen, da sie sensibel auf Reize reagiert und diese binnen drei Sekunden bewertet. Dazu gehören Sympathie oder Antipathie für den:die Lehrer:in, Mimik und Gestik, genauso wie Gerüche und Geräusche im Lernumfeld, die Raumtemperatur, angenehme oder unangenehme Lichtverhältnisse u. v. a. m. Im Kontext des Unterrichts sind diese Grundvoraussetzungen maßgeblich für den Lernerfolg.

Eine weitere Kontrollfunktion in der Lernsituation übernimmt der cinguläre Cortex, ein Bereich des Großhirns, der überprüft, ob eine erhaltene Belohnung gerechtfertigt war – etwa so wie das individuelle soziale Gewissen. War sie es nicht, kann unser Gehirn sich nicht darüber freuen, denn das Lob stimmt nicht mit der realen Selbsteinschätzung überein. Lob muss angemessen und authentisch sein, um die Aufrechterhaltung von Motivation zu unterstützen.

Bei allem, was wir tun, bewertet unser Gehirn emotional, ob ein Lust- oder ein Unlustgefühl entsteht. Deshalb kann Lernen nur dann erfolgreich sein, wenn es mit positiven Inhalten besetzt ist – eben so, wie das Lernen als Kleinkind war. Es kostet eine:n Lehrende:n viel Zeit und Mühe, den Stoff so vorzubereiten, dass er den Kontrollfunktionen des Belohnungszentrums entspricht, aber diese Arbeit ist es wert. Wer Kindern vermitteln kann, wie Lernen Spaß macht, hat die Grundlage für lebenslange Weiterbildung erfolgreich geschaffen.

Dopaminmangel im Gehirn kann weitreichende Folgen haben. Das Erinnerungsvermögen ist davon betroffen, aber auch die Motivation, sogar Depressionen können dadurch ausgelöst werden. In jedem Fall aber sind Menschen mit Dopaminmangel antriebslos und können ihre

Aufmerksamkeit nur schwer aufrechterhalten. Die Mühe, die aufgewendet werden muss, um den Lernprozess zu beginnen, wird als sehr anstrengend empfunden – manchmal so anstrengend, dass sich der:die Lernende nicht überwinden kann, weil er:sie selbst weiß, dass das Pensum nicht zu bewältigen ist. Je nach Temperament reagieren Betroffene mit Unlust, Abwehr, Aggression, Verzweiflung, Selbstzweifeln etc. Es entsteht eine Abwärtsspirale, die sich schnell auf die Psyche schlagen kann. Dazu kommen bei Kindern Vorwürfe der Eltern wie „Faulheit" oder andere Vorurteile.

Kinder – überhaupt Menschen – sind weder dumm noch faul, sondern sie zeigen ein bestimmtes „faules" Verhalten, weil es etwas gibt, das ihnen das Lernen und Arbeiten so unüberwindlich schwer macht, dass sie (fast) keine Motivation dafür aufbringen können. Wenn über einen längeren Zeitraum ein gewisses Maß an Misserfolgen erreicht wurde, sinkt der freiwillige Arbeitseinsatz gegen Null. Kinder mit Schwächen in bestimmten Bereichen werden in der Schule jeden Tag aufs Neue wie ein Lamm zur Schlachtbank geführt, im Voraus wissend, dass sie dieses oder jenes nicht wunsch- und ordnungsgemäß bewältigen werden. Gleichzeitig wird von ihnen erwartet, dass sie bei der Aufgabe, von der sie wissen, dass sie sie nicht erfüllen können, auch noch genau arbeiten, fleißig, höflich, angepasst und ordentlich sind. Die häufige Verweigerung oder das Hinausschieben der Aufgabe, bis es zu spät ist, ist eine verständliche Reaktion auf Überforderung und wird nur fälschlich als Faulheit interpretiert – es kann aber auch deutlich gezeigter Widerstand daraus werden.

Dein Vorbild ist entscheidend!

Der Widerstand, den Dein Kind zeigt, ist erklärbar. Dinge, die man gut kann, machen Spaß. Dinge, die man nicht gut kann, machen keinen Spaß. Je länger Dein Kind gewohnt war, nur jene Dinge zu tun, die

ihm Spaß machen, desto schwerer fällt es ihm, sich auf etwas einzulassen, das neu oder ungewohnt ist. Und je größer die Anstrengung dabei, desto größer der Widerstand. Wenn Dein Kind nicht gerne schaukelt, wirst Du es vermutlich nicht immer wieder zum Schaukeln überreden (wobei das Schaukeln sehr gut wäre!). Aber wenn Dein Kind am Lesen keinen Spaß hat, wird ihm nichts anderes übrigbleiben, als trotzdem Lesen zu üben. Wenn seine neurobiologische Vernetzung dazu nicht gut ausgebildet ist, ist Lesen sehr anstrengend und Dein Kind ist kaum zu motivieren, es zu versuchen. Man könnte auch sagen: Lesen liegt nicht im Komfortbereich Deines Kindes. Den Komfortbereich könnt Ihr erweitern. Das geht allerdings nur, wenn Du von Deinem Kind nicht zu viel auf einmal verlangst. Hol es dort ab, wo es in seiner Entwicklung und nicht vom Alter her steht. Der beste Hinweis, wo Ihr startet, sind jene Aktivitäten, die Dein Kind früher vermieden hat und noch immer meidet. Wenn Du nicht sicher bist oder Dich nicht gut erinnern kannst, was Deinem Kind schwergefallen ist, orientiere Dich an der Checkliste im Anhang oder scheu Dich nicht, Hilfe bei Fachleuten zu suchen. Es geht schließlich um Dein Kind!

Such Dir eine Aufgabe, die eine Grundlage für das Lesen (oder Schreiben, Rechnen etc.) darstellt und die Ihr gemeinsam machen könnt – am besten täglich, dafür aber nur kurze Zeit, beispielsweise Suchbildrätsel. Nach einer Woche könnt Ihr die Übung etwas schwerer machen und dann regelmäßig nachlegen. Du wirst selbst verwundert sein, wie schnell Dein Kind aufholt und sich den Fähigkeiten seines Alters angleicht. Zuerst ist es mühsam, die angestammte Komfortzone zu verlassen, aber sobald neue Fähigkeiten verankert sind, hat sich eine neue, größere Komfortzone gebildet. Sie ist die Grundlage für den nächsten Schritt usw. Wenn Ihr erste Erfolge habt, dann habt Ihr nicht nur eine neue Basis für die Lernfähigkeit gebildet, Ihr habt Entscheidendes für den Selbstwert Deines Kindes erreicht und Eure Bindung zueinander gestärkt. Das kannst Du z. B. daran erkennen, dass Dein Kind nicht nur besser mitmacht, sondern auch eigenständiger wird oder von sich aus Euer Training einfordert – die Arbeit lohnt sich!

Mitunter nützt leider alles nichts und die einfachsten Schritte, um Dein Kind aus seinem Komfortbereich zu holen, erzeugen heftigsten Widerstand. Möglicherweise hat sich schon viel Frust angesammelt. Dein Kind hat das Zutrauen in seine eigenen Fähigkeiten verloren. Dann können Dir Motivationsmethoden helfen.

Eine Möglichkeit, wie Du Dein Kind überreden kannst, gemeinsam täglich ein paar Übungen zu machen, ist ein Vertrag zwischen Euch beiden, der bestätigt, dass eine bestimmte, vorher vereinbarte Belohnung folgt, sobald die dazu passende Belohnungsliste fertig ausgefüllt ist. Die Belohnungsliste ist ein Blatt Papier, auf dem leere Felder eingetragen sind. Jedes Mal, nachdem Ihr die besprochenen Übungen gemacht habt, wird ein Feld ausgemalt, gestempelt oder beklebt. Sind alle Felder auf dem Blatt markiert, also alle vereinbarten Übungen durchgeführt worden, wird die Belohnung fällig. Ich empfehle, dass die Belohnung nach Möglichkeit eine gemeinsame Aktion ist wie z. B. ein Besuch im Kino, Märchenpark, Zoo oder Ähnliches, auch ein Ausflug ist eine prima Sache. Natürlich kann es auch ein Geschenk sein, das es sonst nicht geben würde, aber eine gemeinsame Unternehmung fördert wiederum Eure Bindung und sorgt auch noch viele Jahre später für unvergessliche Erinnerungen. Ob Geschenk oder gemeinsame Aktivität – in jedem Fall ist der Anreiz größer, wenn sich Dein Kind seine Belohnung frei wählen darf. Halte Dich bitte mit Vorschlägen zurück und lass Dein Kind entscheiden.

Was will ich Dir in diesem Kapitel zeigen?

Ob jemand motiviert ist, etwas zu tun oder nicht, ist in einem großen Maß vom Botenstoff Dopamin abhängig, der bei Erfolgserlebnissen gebildet wird. Wenn es keinen Auslöser für die Bildung von Dopamin gibt, weil Dein Kind keine Erfolge bei einer bestimmten Tätigkeit erlebt, macht die Aufgabe keinen Spaß. Je stärker der Widerwille, desto mehr wird die Schule zum Thema zwischen Euch. Wer zu wenig über die Hintergründe von Dopaminmangel weiß, wird über die vermeintliche Faulheit seines Kindes zornig. Elterliche Reaktionen sind häufig ausgelebter Ärger, Strafen, Schimpfen oder Verbote, die mit der mangelnden Arbeitshaltung Deines Kindes nichts zu tun haben. Eine Sanktion, die nichts mit der Missetat zu tun hat, ist für Dein Kind nicht nachvollziehbar. Es ist auch nicht nachvollziehbar, warum es etwas Schlimmes ist, etwas nicht zu können. Die mangelnde Motivation liegt nur am Nicht-Können. Das Nicht-Können liegt daran, dass manche kognitiven Grundlagen im Laufe der Kindheit (noch) nicht gebildet wurden. Statt Deinem Kind als Sanktion das Spielen zu verbieten, spiel lieber ein Spiel mit ihm gemeinsam, bei dem es fehlende Grundlagen aufholen kann.

Schon gewusst?

Jugendliche in der Pubertät schütten dann besonders viel Dopamin aus, wenn ihnen etwas gelingt, was überdurchschnittlich riskant ist. Das zeigt eine Studie der University of California unter der Leitung von Jessica R. Cohen. Jetzt ist wohl klar, warum Eltern von Puber-Tieren, wie ich sie liebevoll nenne, häufig angst und bang wird bei den Aktionen ihrer Sprösslinge. Die Forscher:innen der Studie meinen, dass jugendliche Dopaminausschüttungen und das zeitweilige Aussetzen neurobiologischer Kontrollmechanismen notwendig sind für den massiven Gehirnumbau in diesem Alter.

Hausübung für Eltern

Mach Dir eine Liste von Dingen, die Dein Kind als Kleinkind vermieden hat. Welche davon vermeidet es noch immer, welche nicht mehr? Auch wenn Du meinst, dass Aktivitäten wie Klettern oder Zuhören beim Vorlesen nichts mit Leistungen in der Schule zu tun haben – setz sie auf Deine Liste, denn die Wahrnehmungszusammenhänge sind sehr komplex. Wenn Du Hilfe beim Nachdenken benötigst, schau Dir die Checkliste im Anhang an. Beginne dann, Aktionen anzubieten, die besonders zu jenen Dingen passen, die Dein Kind noch immer nicht mag.

....

....

....

....

....

....

....

Buchtipp

Jean Robb, Hilary Letts: „Clevere Kids fallen nicht vom Himmel". Beust, 1998.

5 Lernen und Entspannung

Unter Druck, Furcht und Stress können wir nicht lernen, da spielt unser limbisches System einfach nicht mit. Sobald wir Angst empfinden, können wir nicht klar und rational denken, ganz egal, wie gut wir im Ruhezustand über ein Thema Bescheid wissen. Die Amygdala schlägt Alarm, der Hippocampus verweigert die Gedächtnisfunktion und die Zusammenarbeit der beiden Hälften des Neocortex über das Corpus Callosum ist unterbrochen – die dominante Gehirnhälfte übernimmt die Führung. Schließlich wird noch der Sympathikus aktiviert, von dem noch nicht die Rede war. Er und sein Gegenspieler, der Parasympathikus, sind beide Teil des vegetativen Nervensystems. Während der Parasympathikus Ruhe und Erholungsphasen unterstützt, ist das Motto des Sympathikus „fight or flight". In Stresssituationen gibt es also nur diese beiden Reaktionen: Angriff oder Flucht. Unabhängig davon, wie weit entwickelt wir Menschen heute im Vergleich zum Steinzeitmenschen sind – sobald unser Gehirn Warnsignale aussendet, reagieren wir noch immer genau so wie zu Urzeiten, als die richtige Reaktion überlebensnotwendig war. Ob es der Säbelzahntiger ist, der uns fressen will, oder der Englischlehrer, der Vokabeln abprüft, spielt für das Gehirn keine Rolle. Wer unter Stress steht, hat keine neurobiologische Kontrolle und ist in Prüfungssituationen nicht leistungsfähig. Der Teufelskreis besteht darin: Je schlechter ein Schüler in einem Fach ist, desto höher ist der Stresslevel und desto stärker wird die Denkfunktion behindert, desto schlechter ist wiederum das Ergebnis des Tests.

Nachdem das Denken und Überlegen ausgeschaltet sind, weil im Kopf nur noch Panik herrscht, löst der Prüfling die gestellte Aufgabe im schlimmsten Fall an der Tafel entsprechend mangelhaft oder gar nicht und blamiert sich vor der ganzen Klasse. Mit jedem weiteren Erlebnis dieser Art verfestigen sich die entsprechenden neuronalen Verbindungen, die sich bei dieser Erfahrung gebildet haben, und es verstärkt sich die Angst vor genau dieser Situation. Die pure Vorstellung reicht schon aus, um Stress zu empfinden. Prüfungsangst ist also keine Ausrede lernunwilliger Jugendlicher, sondern ein realer Grund und eine kognitiv schlüssige Erklärung, dass bei Prüfungen und Tests Leistungen nicht erbracht werden können, die unter anderen Umständen ohne Probleme gelöst werden könnten. In der Schule wirkt das Nichtwissen des Prüflings so, als ob er zu wenig gelernt hätte. Und welche Erklärung gibt es dafür wieder einmal? „Er war zu faul!“ Na klar, diese alteingesessene Erklärung ist sehr praktisch und vielseitig verwendbar. Nur ist sie leider nicht richtig.

Zum besseren Verständnis

Unabhängig davon, wie viel Dein Kind für einen Test gelernt hat – sobald Stress und Angst dominieren, ist das bewusste Denken deaktiviert. Nicht nur Prüfungssituationen können sich negativ auf die kognitive Leistung auswirken, sondern auch andere innere und äußere Einflüsse.

Jeder vierte Mensch ist hochsensibel. Das ist kein Makel und schon gar keine Krankheit, sondern ein Wesenszug, ein Persönlichkeitsmerkmal wie viele andere auch. Hochsensible Menschen zeichnen sich dadurch aus, dass sie Reize intensiver wahrnehmen als der Durchschnitt der Menschen. Jegliche Reize, negative genauso wie positive. Lärm, schlechte Gerüche oder Schmerzen können sie weniger gut ignorieren bzw. sie leiden stärker unter den Auswirkungen. Umso verständlicher ist es, dass sie viel öfter an Reizüberflutung und Überforderung leiden: Sie können ihr Inneres nicht gut nach außen hin abschirmen.

Umgekehrt können sie alles Schöne mehr genießen. Optische, akustische, taktile, olfaktorische, geschmackliche Reize - alles, was das Herz erfreut, wird genussvoller erlebt. Diese Menschen sind häufig feinfühlig anderen gegenüber, leiden aber mitunter auch an der Fülle nonverbaler Botschaften, die sie von anderen auffangen, ob sie wollen oder nicht.

Eine neurowissenschaftliche Erklärung für dieses Phänomen gibt es noch nicht. Belassen wir es derzeit noch dabei, dass diese Menschen zum einen möglicherweise ein intensiver arbeitendes limbisches System haben und dass bei ihnen zum anderen bestimmte Hirnareale stärker verknüpft sind als bei anderen Menschen.

Wenn Du meinst, Dein Kind könnte hochsensibel sein, oder wenn Du vermutest, es selbst zu sein, informiere Dich in Deiner Region dazu. Es werden Treffen und Vorträge dazu angeboten, um Menschen in ihrer Wesensart zu bestärken. Häufig glauben sie, dass mit ihnen etwas nicht stimmt, weil ihnen Unverständnis von anderen entgegenschlägt. Ein Verein für Hochsensibilität, auf dessen Website ein kostenloser Selbsttest zur Feststellung zur Verfügung steht, nennt sich „Zartbesaitet".

Bei einem aktiven und eher lauten oder aufbrausenden Kind, das zu Aggressionen neigt, würde man Hochsensibilität nicht vermuten; man stellt sich diese Menschen ruhig und empfindsam vor. Hochsensibel zu sein, bedeutet, dass Reize nicht gut gefiltert werden können und daher zu viele davon auf den jeweiligen Menschen eintreffen. Die Art und Weise, dagegen anzukämpfen, besteht häufig in Rückzug, kann sich aber auch als vehemente Abwehr zeigen, um sich vor neuerlichen Reizen zu schützen.

Kinder, die unter der Lautstärke in der Klasse leiden oder sehr viele Menschen auf engem Raum als kräftezehrend empfinden, brauchen einerseits Rückzugsmöglichkeiten, andererseits aber auch Ventile zum Ablassen der Spannung sowie Techniken zur Wiederherstellung des inneren Ausgleichs und Wohlbefindens. Eine sehr schnelle Möglichkeit, zumindest kurz abzuschalten und sich auf sich selbst zu konzentrieren, ist eine Atemübung, die den Parasympathikus stimuliert und den Körper mit mehr Sauerstoff versorgt. Probier es mit Deinem Kind aus – wenn es diese Entspannungstechnik als angenehm empfindet, kann es sie in der Schule im Unterricht ganz unbemerkt anwenden. Du zählst langsam bis fünf, während du durch die Nase einatmest, dann ganz kurz den Atem anhältst und beim Zählen bis fünf langsam ausatmest. Das wiederholst Du fünf Mal. Solltest Du dabei das Bedürfnis verspüren, zu gähnen, gib dem nach – es ist gesund und macht wach und aufmerksam.

Ängstliche, reizüberflutete oder auch müde Kinder können sich nicht entspannen, folglich leidet ihre Aufmerksamkeit. Es fällt ihnen sehr schwer, eine Aufgabe zügig in einem durchzuziehen; stattdessen schweifen sie immer wieder ab und müssen wieder in ihre Arbeit zurückfinden. Das kostet Zeit und ist anstrengend – sie würden mehr Pausen brauchen als vorgesehen und kommen völlig erschöpft nach Hause. Deshalb ist es wichtig, dass Dein Kind nach der Schule etwas tut, das einen sinnvollen Ausgleich zum Pauken bildet.

Häufig ist die erste Wahl die Spielkonsole, der Computer oder der Fernsehapparat. Es gibt je nach Altersgruppe empfohlene Maximalzeiten ab einem Mindestalter von drei Jahren. Ich rate dringend, diese einzuhalten, solange die Eltern das noch steuern können.

Auch Erwachsene verbringen gerne Stunden vor dem Handy oder dem Tablet, sobald die tägliche Arbeit getan ist – Kinder umso mehr. Die Erfolge bei Computerspielen gehen direkt ins Belohnungszentrum des Gehirns, daher die Faszination dieser Spiele. Die Auswirkungen des blauen Bildschirmlichts auf den Körper sind jedoch nicht zu unterschätzen, dieses sollte daher auf jeden Fall mit der Einstellung „Nachtmodus" oder mithilfe von speziellen Brillen mit Blaulichtfilter reduziert werden, um die Bildung des Melatonins nicht zu hemmen. Wer stundenlang vor einem Bildschirm sitzt, macht zu wenig Bewegung. Abgesehen davon fördern diese Medien das Denken in Bildern. Was daran problematisch sein kann, wird in Kapitel 8 erklärt. Und schließlich wissen wir alle, dass Elektrosmog ungesund ist und krank machen kann. Brauchst Du noch mehr Gründe, um Dein Kind zu alternativen Freizeitbeschäftigungen zu bewegen?

Jedem ist klar, dass man Kinder nicht komplett von der Mediennutzung abhalten kann. Menschen reagieren unterschiedlich stark auf die Auswirkungen von Bildschirmstrahlung. Man hat festgestellt, dass Shungit, ein Stein aus Algenkohle, der hauptsächlich aus Kohlenstoff besteht, vor negativer Strahlung schützt. Außerdem soll er heilen, stärken, vitalisieren und entspannen. Shungit gibt es in Form von Schmuck oder Dekorationsgegenständen.

Während Kinder, die nachmittags Bewegung machen, am Abend ausgepowert und müde sind und entsprechend schnell einschlafen, hemmt das blaue Licht von Bildschirmen die Bildung von Melatonin. Es wird von der Zirbeldrüse gebildet und sorgt dafür, dass wir uns müde fühlen. Je mehr Melatonin gebildet wurde, desto stärker ist die Müdigkeit.

Sollte Dein Kind unter Schlafproblemen leiden, gibt es verschiedene Möglichkeiten, die Abhilfe schaffen können. Es ist wichtig, dieses Problem in den Griff zu bekommen! Spezialist:innen können Dir Therapiedecken oder spezielle Pölster und Matratzen empfehlen.

Bevor Du große Anschaffungen tätigst, kannst Du probieren, ob Dein Kind auf eine leichte Schräglage anspricht. Das klappt bei vielen sehr gut. Dabei legst Du auf der Kopfseite des Bettes Keile oder Stützen unter den Lattenrost, sodass der Kopfteil etwa 10–15 cm höher ist als der Fußteil.

Ein weiteres Hindernis für gesunden Schlaf sind Ängste vor imaginären Monstern unter dem Bett oder vor wilden Tieren im Kleiderschrank. Im Laufe der Kindheit gibt es mehrmals Phasen entwicklungsbezogener Ängste. Für Kinder sind die Monster und wilden Tiere real, ihre Furcht ist echt und hindert sie daran, einzuschlafen, oder sorgt für schlimme Träume.

Nimm diese Ängste Deines Kindes ernst, anstatt sie abzutun. Öffne die Kastentüre und zeig Deinem Kind, dass kein Monster da ist. Gib Deinem Kind ein getragenes Kleidungsstück zum Kuscheln mit der Erklärung, dass sich Monster vor Erwachsenen fürchten, deshalb vertreibt sie der Geruch nach Mama oder Papa. Oder lass Dein Kind das, wovor es sich fürchtet, aufzeichnen. Aus dem Bild könnt Ihr ein rundes, durchgestrichenes Straßenschild machen und an das Fenster kleben, damit die Monster wissen, dass sie hier verboten sind.

Hausübung für Eltern

Hast Du das Gefühl, dass Dein Kind sich im wachen Zustand nicht gut entspannen kann? Woran erkennst Du das?

....

....

....

....

....

....

....

....

....

Entspannungsgeschichten können dabei helfen, es gibt sie speziell für Kinder zum Vorlesen oder auch in Form von Kindermeditation. Achte darauf, ob Dein Kind beim Zuhören die Augen geschlossen halten kann – wenn nicht, lohnt es sich, das zu üben. Anfangs reicht eine halbe Minute aus, dann eine Minute. Du steigerst das, bis Dein Kind eine ganze Entspannungsgeschichte mit geschlossenen Augen anhören kann.

Was will ich Dir in diesem Kapitel zeigen?

Entspannung ist eine Grundlage für erfolgreiche Lernprozesse, weil nur sie die Voraussetzung dafür schafft, dass neurobiologische Prozesse optimal ablaufen können. Gerade bei diesem Thema können Eltern die Problemlösung verhältnismäßig leicht in die Hand nehmen. Warte nicht zu, sondern starte heute noch, wenn Du meinst, dass Dein Kind unnötigem Druck ausgesetzt ist oder unter schlechtem Schlaf leidet.

Schon gewusst?

Es gibt ein Experiment, bei dem ein Wolf und zwei Lämmer jeweils in einen Käfig gesperrt werden. Ein Lamm lebt Gitter an Gitter mit dem Wolf. Vor dem Käfig des anderen Lamms wächst ein Baum, der die Sicht auf den Wolf verdeckt. Der Wolf kann beiden Lämmern nichts tun, er ist ja im Käfig. Alle Tiere werden gut versorgt, erhalten ausreichend Nahrung und Wasser. Nach einiger Zeit ist das Lamm im Käfig direkt neben dem Wolf tot. Es ist vor Angst gestorben.

Buchtipp

Lene Mayer-Skumanz, Irmgard und Anna Heringer: „Mit dem Tiger um die Wette: Geschichten, Tipps und Übungen bei Prüfungsangst und Stress“. VAK, 2004.

Georg Parlow: „Zart besaitet: Selbstverständnis, Selbstachtung und Selbsthilfe für hochsensible Menschen“. Festland-Verlag, 2015.

6 Lernen und Familie

Eltern haben einen speziellen Blick auf ihre Kinder. Dieser ist nicht unbedingt realistisch, aber das liegt in unserer Natur, und die Natur macht nichts Unnötiges, Unsinniges oder Unlogisches. Es ist ein Gefühl, über das ich schon oft nachgedacht habe, aber ich finde kein Wort dafür. Es ist nicht „nur" Liebe, auch nicht Verantwortung, auch nicht Bindung oder Stolz, es ist so gewaltig viel mehr. Es lässt uns in unserem Kind etwas erkennen, was andere nicht sehen. Umgekehrt können andere Menschen an unseren Kindern etwas erkennen, was *wir* oft nicht sehen – wie etwa ein auffälliges Verhalten, ein Aus-der-Reihe-Tanzen.

Dabei möchten wir doch immer alles nur richtig machen zum Wohl unserer Kinder. Seit Generationen gibt es unterschiedliche Erziehungsmethoden mit dem Ziel der optimalen Entwicklung und Entfaltung. Die beiden Weltkriege im 20. Jahrhundert haben die Menschen damals ganz anders geprägt, als das bei den nachfolgenden Generationen in Friedenszeiten der Fall war. Eltern, in deren eigener Kindheit die „g'sunde Watsch'n" eine Selbstverständlichkeit war, haben umgedacht und wollten bewusst keine Strenge und keine Strafen. Während physische und psychische Gewalt in der Kindererziehung unter gar keinen Umständen Platz haben, hat ein antiautoritärer Erziehungsstil jedoch gezeigt, dass sich Kinder doch Regeln wünschen, um sich besser zu orientieren. Es scheint, dass ihnen eine Welt, in der sie tun und lassen dürfen, was immer sie wollen, zu groß und zu weit ist. In dieser Weite beginnen sie, durch ihr Verhalten Grenzen auszuloten, fast schon, als hätten sie die Hoffnung, beim Übertritt gestoppt zu werden.

In den 1980er-Jahren entwickelte der Kinderarzt William Sears ein Modell, das die Bindung zwischen Eltern und Kind fördert, und zwar auf der Basis von maximal responsivem und zugewandtem Verhalten der Eltern auf die kindlichen Bedürfnisse. Es bedarf der Bereitschaft, auf die Kommunikationsversuche des Babys einzugehen, sowohl auf die nonverbalen in Form von Mimik und Gestik als auch auf die verbalen, in diesem Alter zumeist nur Laute. So lernen Eltern die Grundbedürfnisse ihres Babys zu erkennen und zu erfüllen. Unerfüllte Bedürfnisse versetzen Dein Baby in Stress und Angstzustände, egal ob es die mangelnde Nähe zur Mutter, Hunger, Durst oder ein Schmerz ist, der geheilt werden soll. Erfüllte Grundbedürfnisse manifestieren sich positiv in den neuronalen Verbindungen im Gehirn Deines Babys, denn es macht die Erfahrung, wichtig zu sein und geliebt zu werden.

Dieser Umgang miteinander ist allerdings keine Einbahnstraße: Genauso wichtig wie die adäquaten Reaktionen auf Dein Baby sind das feinfühlige Wahrnehmen Deiner eigenen Bedürfnisse und die Einhaltung Deiner eigenen Grenzen. Dein Baby lernt durch dieses Verhalten von Dir: „Was Du brauchst, ist mir wichtig, weil ich Dich liebhabe. Aber auch meine Bedürfnisse sind wichtig, weil ich nicht nur auf Dich, sondern auch auf mich schaue, damit es uns allen gutgeht."

Wird Dein Baby älter, geht es nicht mehr nur um Grundbedürfnisse, sondern häufig darum, etwas zu wollen oder nicht zu wollen. Es wird Zeiten geben, in denen Du dem Wollen nachgeben kannst, aber ein anderes Mal wird Dir das nicht möglich sein. Dann ist die normale kindliche Reaktion Widerstand. Das ist neurobiologisch auch wiederum verständlich, denn das Belohnungssystem, das unser Hirn so stark dominiert, wird irritiert.

Bedürfnisorientiert zu erziehen heißt keinesfalls, dass Eltern dafür zuständig sind, jedes Quengeln durch Nachgeben sofort aus der Welt zu schaffen. Bedürfnisorientiert heißt aber schon, dass Du Dein Kind in seinem Schmerz, etwas im Moment nicht durchsetzen zu können, liebevoll begleitest. Du erfüllst das Bedürfnis nach Trost, widersetzt Dich aber seinem Bedürfnis nach einem neuen Spielzeug, dem Bedürfnis nach Fernsehen oder dem Bedürfnis nach der dritten Portion Eis.

Als Kleinkind lernt es auf diese Weise, dass seine Wünsche nicht immer erfüllt werden können. Das ist eine wichtige Erkenntnis. Damit hilfst Du ihm, innerhalb des geschützten Rahmens der Familie zu lernen, sich in eine Gruppe einzuordnen und darin den richtigen Platz zu finden – auf Augenhöhe mit allen anderen.

Zum besseren Verständnis

Attachment Parenting ist ein moderner, bindungs- und bedürfnisorientierter Ansatz, wie Babys und Kleinkinder im Laufe ihrer Kindheit ihren Platz in der Familie finden. Wenn das Konzept richtig verstanden und umgesetzt wird, ist es eine sehr gute Basis für eine glückliche Kindheit, in der das Kind einen realistischen Selbstwert bilden und Resilienz entwickeln kann, aber gleichzeitig sieht, wo die Grenze des anderen ist, sodass sich sein eigener Charakter entfalten darf, während es Rücksicht auf andere lernt. Es wird zu einem selbstbewussten und selbstständigen Menschen, der aber nicht nur seine eigenen Bedürfnisse in den Fokus stellt, sondern auch jene anderer Menschen kennt und berücksichtigt.

Oft haben Eltern Schwierigkeiten, das richtige Maß an Geben und Nehmen zu erkennen. Menschen sind unterschiedlich und haben unterschiedlich viel Geduld, stecken Grenzen unterschiedlich nah oder weit ab. Aus meiner Sicht findest Du das richtige Mittelmaß, wenn Du Dir von Deinem Kind nichts gefallen lässt, das Du Dir auch von einem Erwachsenen nicht gefallen lassen würdest. Du hast Deine Grenzen - zeige Deinem Umfeld, wo sie sind! Nur so lernt Dein Kind wiederum, dass es ein Recht darauf hat, seine eigenen Grenzen anderen gegenüber abzustecken.

Verständlicherweise neigen Menschen, die nicht tagtäglich mit dem Kind in Kontakt sind, wie beispielsweise Großeltern oder - berufsbedingt - ein Elternteil, dazu, in den kostbaren gemeinsamen Stunden die eigenen Wünsche hintanzustellen. Kinder müssen aber spüren und hören, was jemand anderer braucht, um Rücksicht und Respekt gegenüber Mitmenschen zu lernen. Bezugspersonen müssen ihre Bedürfnisse aussprechen. Dazu gehört auch ein klares, deutliches, wenn auch freundliches Nein.

Der Schlüssel zum richtigen Maß ist gegenseitiger Respekt. Lass Dein Kind die Erfahrung machen, dass Du eine Pause brauchst. Gib ihm eine Küchenuhr, die auf drei Minuten eingestellt wird, und in diesen drei Minuten darf es zwar in Deiner Nähe sein, wenn es das möchte, aber Du selbst gönnst Dir Ruhe. Es wird nicht geplaudert und auch nicht gespielt. Du hast das Recht, kurz die Augen zuzumachen, aus dem Fenster zu schauen oder sonst etwas zu tun, was Dir Spaß macht. Schafft Dein Kind es, Dir diese drei Minuten zu geben, gibt es anschließend eine dazu passende Belohnung, die Ihr vorher vereinbart habt. Beispielsweise ein kurzes Uno-Spiel. Wenn es die drei Minuten nicht geschafft hat, gibt es die Belohnung nicht. Später erhöhst Du die Zeit auf fünf Minuten oder auf zehn.

Wird die Bedürfnisorientierung falsch verstanden, so meinen Eltern, dass Kinder alles, was sie nicht gerne oder von selbst machen, nicht zu machen brauchen. Das ist mir in meinen Spielgruppen mit sensomotorischem Schwerpunkt für Kleinkinder sehr häufig aufgefallen. Die Kleinen sind normalerweise von Natur aus neugierig und möchten alles ausprobieren. Wenn allerdings auffällt, dass das eine oder andere Kind etwas regelmäßig ablehnt, was die anderen gerne machen, wie Sand spielen, Kneten, Malen mit Fingerfarbe usw., war die Reaktion der meisten Eltern, diese Aktivität nicht weiter anzubieten.

Nach meiner bisherigen Erfahrung mit Kindern mit schulischen Problemen wäre genau die gegenteilige Reaktion wichtig. Eltern wissen, dass Kinder eine Speise häufig mehrmals probieren müssen, bis sie ihnen schmeckt. Genauso ist es bei haptischen oder taktilen Erfahrungen oder bei Tätigkeiten, die genaues Zuschauen oder Zuhören erfordern. Nur durch das wiederholte Anbieten und das gemeinsame Probieren entstehen Reize, die neue Synapsen bilden. Jede Leistung benötigt eine entsprechende Vor-Leistung, die sich nur durch mehrmalige Wiederholungen und die Erfahrungen damit manifestiert. Pantschen und Probieren sind sehr wichtige Bausteine für das Fundament an Fähigkeiten, die Dein Kind später in der Schule braucht.

Die Jahre vor der Schule lassen sich ideal nutzen, um auch das aufzubauen, wovon Dein Kind spürt, dass es das nicht gut kann. Ich verstehe die Einstellung vieler Eltern, dass sich die Kinder ihren Interessen entsprechend entfalten sollen, denn die Pflichten in der Schule kommen früh genug. Wenn Dein Kind jedoch bereits in der Schule ist und wichtige Fertigkeiten wie die Stifthaltung oder das Ausschneiden noch nicht beherrscht und jetzt erst beginnt, Lücken nachzuholen, hat es einen deutlichen Nachteil den anderen Kindern gegenüber. Das merkt es selbst und ist vermutlich traurig darüber. Eltern bleibt dann nicht viel anderes übrig, als zu trösten und zu versuchen, es dem Kind zu ermöglichen, dass es das Versäumte so schnell wie möglich nachholt, indem es übt. Das Üben macht ihm aber keinen Spaß, der Widerstand wird größer, die Aufgaben werden zur täglichen Qual.

„Mach Dir nichts draus, das ist einfach schwer für Dich“ oder „Ich habe das auch nie verstanden, das kannst Du eben nicht“ sind Worte, mit denen Eltern die Misserfolge abschwächen wollen. Das ist zweifelsohne gut gemeinter Trost, aber was sagt er eigentlich aus? Solche Situationen sind häufig – genauso häufig hören Kinder jene Sätze, die sie trösten sollen, die aber zwischen den Zeilen eine Botschaft vermitteln, die die Eltern sicher nicht beabsichtigen. Kinder glauben ihren Eltern alles. Sie sind von Natur aus darauf ausgelegt, Mama und Papa blind zu vertrauen, denn von ihnen lernen sie, wie das Leben funktioniert. Was gut und was schlecht ist und was richtig und was falsch ist. Hören sie von den engsten Bezugspersonen immer wieder dieselben Aussagen, prägen sich diese als Glaubenssätze ein. Ich fechte jeden Tag einen harten Kampf gegen diese Sätze und gegen die Selbstzweifel in den Köpfen der Kinder aus.

Glaubenssätze an sich sind nichts Schlechtes, Du kannst sie nützen, um Dein Kind stark und selbstbewusst zu machen. Statt Sätze zu verwenden, die Dein Kind klein und minder wirken lassen, die Stress erzeugen und das bewusste Denken hemmen, kannst Du Worte wählen, die Dein Kind aufrichten, die sein Bedürfnis nach authentischer Belohnung und Anerkennung ansprechen.

Probier es doch beispielsweise mit „Wow, Du warst ja viel schneller als gestern!“ oder mit „Hast Du nicht vorhin gesagt, dass das schwierig ist? Davon merke ich nichts, das hast Du toll gemacht!“

Was will ich Dir in diesem Kapitel zeigen?

Bis zur Schule lassen Eltern ihre Kinder häufig alles tun, was sie wollen bzw. halten sie nicht dazu an, etwas zu tun, was ihnen beim ersten Versuch noch keinen Spaß macht. Das ist gut gemeint, aber insofern kontraproduktiv, als sie sich erst bei der Einschulung etwaiger Entwicklungslücken bewusst werden. Parallel zu den Aufgaben in der Schule Versäumtes nachzuholen, ist kräftezehrend. Es birgt die Gefahr, dass Eltern aus dem Bedürfnis heraus, ihr Kind zu unterstützen, nicht genau unterscheiden können, wer nun in der Schule ist – ihr Kind oder sie selbst oder beide. Für Eltern, die jegliche Gefahr und alles Negative von ihren Kindern fernhalten möchten, hat sich der Begriff „Helikoptereltern" eingebürgert. Natürlich steckt ausschließlich guter Wille dahinter, andererseits hindert ein Übermaß an Behütung das Kind daran, Selbstverantwortung zu lernen.

Hausübung für Eltern

Wie kannst Du Trost positiv formulieren? Welcher Glaubenssatz soll sich in Deinem Kind manifestieren?

....

....

....

....

....

....

Schon gewusst?

„Shared Attention" oder „Joined attention" ist eine Verhaltensweise, bei der zwei Personen zeitgleich und gemeinsam etwas erleben und darüber verbal und nonverbal kommunizieren. Kinder, die solche Situationen regelmäßig erleben, entwickeln die Fähigkeit, Aufmerksamkeit zielgerichtet und ohne Ablenkung auf etwas zu fokussieren.

Buchtipp

Lieselotte Ahnert: „Wieviel Mutter braucht ein Kind? Bindung – Bildung – Betreuung: öffentlich + privat". Beltz, 2020.

7 Lernen und Beziehungen

Bindungs- und bedürfnisorientierte Beziehungen bauen Kinder nicht nur zu Eltern, sondern zu sämtlichen Bezugspersonen auf, die sich ihnen gegenüber entsprechend verhalten: zu Geschwistern, Verwandten, Pädagog:innen in Krippe, Kindergarten, Schule und Hort genauso wie zu privaten Trainer:innen oder Therapeut:innen. Und auch hier ist die Beziehungsqualität wieder eine Grundlage für den Lernerfolg, denn je besser, je entspannter, vertrauensvoller und ungezwungener das Verhältnis ist, desto mehr Output im neuronalen Belohnungssystem und desto größer sind Motivation sowie Lern- und Entwicklungserfolg. Der gegenseitige zwischenmenschliche Respekt ist dabei genauso wichtig wie liebevolle Konsequenz und Disziplin in einem gewissen Ausmaß. Respekt, Konsequenz und Disziplin klingen nach Schlagworten eines veralteten Erziehungssystems. Sie klingen aber nur so! Alle drei sind wichtige Bausteine, damit Dein Kind lernt, was Struktur ist und wie es diese für sein eigenes Leben anlegen kann.

Mit der Wichtigkeit von Disziplin als Zusammenspiel von Relevanz, Transparenz und Konsequenz hat sich die pensionierte Lehrerin Christina Buchner ein Leben lang auseinandergesetzt. Sorgt der:die Lehrer:in für Struktur im Klassenzimmer oder in anderen pädagogischen Einrichtungen, hilft er:sie Kindern auf liebevolle Art, Arbeitsabläufe sowohl allein als auch in der Gruppe erfolgreich durchzuziehen. Gelingt einer Klasse die gewünschte Arbeitshaltung nicht, reagieren Lehrer:innen noch immer häufig mit ungerechtfertigter Strenge oder Ungeduld bis hin zu Schimpfen, Schreien oder dem Verhängen von Strafaufgaben – Verhaltensweisen, die ihre Kompetenz nicht unterstreichen. Das sind allesamt neurobiologische Killer sowohl für die Bindung als auch für den Lernerfolg. Noch kein Kind hat aus Angst oder Scham bessere Leistungen erbracht.

Zum besseren Verständnis

Disziplin und Arbeitsmoral kann Dein Kind nur lernen, wenn es sinnvolle, nachvollziehbare Regeln gibt, die konsequent immer unter denselben Bedingungen eingehalten werden. Es ist besser, wenige Regeln aufzustellen, aber an ihnen nicht zu rütteln, als so viele Regeln, dass es gar nicht mehr möglich ist, sich alle zu merken. Natürlich werden sie dann gebrochen. Jedem selbst denkenden Menschen – und ich gehe davon aus, dass alle Eltern ihre Kinder zu solchen erziehen möchten – fällt es schwer, eine Regel zu befolgen, deren Sinn er nicht versteht. Deshalb haben Kinder das Recht auf eine Erklärung, warum eine Regel wichtig ist, sie haben also ein Recht auf Relevanz. Und die dritte Grundlage ist Transparenz: Du kannst von einem anderen Menschen nicht erwarten, dass er sich so verhält, wie Du es erwartest, wenn Du ihm das vorher nicht klar und deutlich gesagt hast.

Dein Vorbild ist entscheidend!

Gerne lassen Erwachsene sich zu dem Satz: „Weil ich das sage" hinreißen, wenn sie einer Diskussion mit ihrem Kind entgehen wollen. Solche Aussagen sind völlig fehl am Platz, wenn es darum geht, Kindern begreiflich zu machen, wofür Regeln – also die Grundlage von Struktur – notwendig sind. „Weil ich das sage" ist jedoch keine Erklärung, sondern eine Aufforderung zum Widerstand – vielleicht noch nicht im Grundschulalter, aber auf jeden Fall im Laufe der Unterstufe.

Viel erfolgreicher verläuft Erziehung mit Struktur. Überleg Dir, was für Deine Familie wirklich wichtig ist: Welche Regeln müssen sein, über die die sprichwörtliche Eisenbahn drüberfährt? Nimm Dir die Zeit, Deinem Kind zu erklären, warum sie wichtig sind, welches Verhalten Du von ihm erwartest und dass an diesen (wenigen) Regeln nicht gerüttelt wird. Im Gegenzug darf Dein Kind altersadäquate Entscheidungen selbst treffen und Du versprichst, Dich darin möglichst wenig einzumischen. Besonders in der Pubertät sorgt diese elterliche Haltung für viel häuslichen Frieden.

Natürlich haben Erwachsene aufgrund ihrer Lebenserfahrung einen Weitblick, den Kinder nicht haben. Kinder spüren aber in vielerlei Hinsicht selbst, was ihnen guttut und was für sie richtig ist. Selbstbestimmung und Selbstorganisation zu lernen, ist für das weitere Leben mindestens genauso wichtig wie der gesamte Schulstoff. Oft übersehen Eltern, dass sie nicht selbst noch einmal in der Schule sind, sondern ihr Kind. Ich kann von meinem Kind nicht erwarten, dass es auf der einen Seite alle schulischen Pflichten selbstständig und ordentlich erfüllt, während meine Überbehütung es auf der anderen Seite davon abhält, eigene Erfahrungen zu machen und zu lernen, auf sein Bauchgefühl zu hören. Diese Fähigkeiten braucht es, um sein Leben kompetent zu meistern. Viele Erwachsene wünschen sich, dass nachfolgende Generationen aus ihren Fehlern lernen: Man müsse Kindern nur von den eigenen Fehlern erzählen, dann würden sie es sich ersparen, diese selbst zu machen. Gut gemeint, es funktioniert aber nicht! Es reicht nicht aus, anderen Menschen etwas zu sagen, sie müssen es selbst spüren, um daraus zu lernen.

Kümmern sich in erster Linie die Eltern um ein Kind und einigen sich beide auf dieselben Regeln, die mit derselben Konsequenz durchgesetzt werden? Ideal, daran kann sich ein Kind gut orientieren. Oder gibt es viele wechselnde Bezugspersonen zur Entlastung der Eltern? Das ist zwar eine angenehme Unterstützung, aber nicht umsonst sagt man: „Viele Köche verderben den Brei" – viele verschiedene Bezugspersonen stellen viele verschiedene Regeln auf, oder auch gar keine. Wer beispielsweise einmal pro Woche den Nachmittag mit Deinem Kind verbringen darf, wird sich in der gemeinsamen Zeit völlig nach den Bedürfnissen Deines Kindes richten. Ist jeden Tag ein anderer Verwandter zur Stelle, wird ein Kind kaum damit konfrontiert, dass auch andere Menschen Bedürfnisse haben.

Dein Kind braucht aber unbedingt Situationen, in denen es lernen kann, wie sich andere Menschen fühlen. Ohne diese Erkenntnis bleibt es auf einer sehr frühen Entwicklungsstufe stehen, auf der sich das Leben nur um es selbst dreht. Sorge dafür, dass alle Bezugspersonen Deines Kindes, die regelmäßig Kontakt haben, verstehen, dass sie Deinem Kind etwas Gutes tun, wenn sie ihre eigenen Bedürfnisse kundtun und es damit Rücksicht lehren.

Gelingt es Deinem Kind nicht, altersentsprechende Tätigkeiten und Aufgaben selbst zu machen, helfen die meisten Erwachsenen eine gewisse

Zeitlang nach. Irgendwann ist der Punkt erreicht, an dem sie nicht mehr bereit dazu sind – spätestens dann sind wir wieder beim Vorwurf der Faulheit angelangt. Das Kind ist zu faul, seine Schuhe selbst zu binden, seinen Teller in die Küche zu tragen oder sein Spielzeug selbst wegzuräumen. Nicht vergessen: Faule Menschen gibt es nicht, vermeintliche Faulheit hat immer eine Ursache!

Warum tut Dein Kind Dinge nicht selbst, die ihm schon zuzutrauen sind? Ist es gewohnt, dass man ihm vieles abnimmt? Hast Du ihm schon klargemacht, dass von ihm erwartet wird, seine Sachen selbst zu erledigen? Transparenz ist auch hier wichtig.

Neigst Du dazu, die Führung zu übernehmen, wenn Dir die in Deinen Augen ungeschickten Versuche Deines Kindes zu lange dauern? Dann plane mehr Zeit dafür ein – wenn z. B. das Maschebinden noch nicht klappt, dann braucht Dein Kind möglicherweise zehn Minuten, um seine Schuhe anzuziehen, und nicht nur drei. Der Zeitdruck, der durch die Verzögerung in Dir entsteht, überträgt sich auf Dein Kind und erzeugt Stress in ihm. Was bei Stress passiert, kannst Du in Kapitel 5 gerne nochmals nachlesen. Und, nein: Klettverschluss statt Schnürschuhen ist keine Lösung! Maschenbinden lernt man nur durch Maschenbinden. Vermiedene Tätigkeiten bilden keine Synapsen, bauen keine Verbindungen auf, sorgen dafür, dass Deinem Kind Fähigkeiten fehlen, die später mühsam nachgeholt werden müssen.

Ein anderer Grund, warum Dein Kind altersadäquate Aufgaben nicht selbst übernimmt, kann mangelndes Selbstvertrauen sein. Wenn Dein Kind um Hilfe bittet, kann das darauf hindeuten, dass es sich diese Aufgabe noch nicht selbst zutraut. Wenn Du ihm die Aufgabe abnimmst, hat es keine Gelegenheit, zu üben. Wenn Du ihm nicht hilfst, kann es sich alleingelassen fühlen. Wie findest Du heraus, welche Ursache dahintersteckt? Vielleicht ist es die Bitte: „Hilf mir, es selbst zu tun!", ganz nach Maria Montessori.

Eine Möglichkeit, der Bitte Deines Kindes nachzukommen, ist Arbeitsteilung. Zeig Deinem Kind nochmals, wie etwas funktioniert, und gib ihm dann die Möglichkeit, es nochmals selbst zu tun. Gerne kannst Du beim nächsten Mal aktiv Deine Unterstützung anbieten, aber auch dann stellt Dein Kind die Aufgabe selbst fertig. Meistens sind mehrere Versuche nötig – was ganz normal ist. Sobald es gelernt hat, etwas selbst zu tun, kannst Du Deinen Sprössling gelegentlich gerne verwöhnen, schließlich freust Du Dich auch selbst, wenn Du jemanden um etwas bittest, was Du selbst machen kannst, es Dir aber abgenommen wird. Kommst Du müde von der Arbeit heim und fragst nach einer Tasse Kaffee, freust Du Dich über die Zuwendung Deines Partners. Hörst Du stattdessen: „Ach, das kannst Du doch selbst machen!", wird Dich das vor den Kopf stoßen. Es spricht also nichts dagegen, wenn Du Dinge aus Liebe für Dein Kind tust – aber erst, wenn es sie selbst kann.

Unvermuteterweise können Lernprobleme im Zusammenhang mit Beziehungen auch in eine ganz andere Richtung gehen, nämlich indem Kinder einen übergroßen Eifer entwickeln. Dabei setzen sie sich selbst unter enormen Druck, der nicht mehr gesund ist. Oft reagieren Schüler:innen sogar körperlich mit Schmerzen oder Übelkeit oder Schlafproblemen. Manchmal artikulieren Kinder auch, dass sie für jemanden lernen, um zu gefallen. Ihr extremer Ehrgeiz kann zum Ziel haben, mehr geliebt zu werden oder mehr Beachtung zu bekommen. Er kann auch ein Zeichen von Eifersucht sein.

Hast Du erkannt, dass Dein Kind sich selbst unter Druck setzt, finde Tätigkeiten, die entschleunigen. Ihr könnt gelegentlich einen Räubertag einlegen, an dem Ihr mit den Fingern esst oder im Pyjama bleibt oder ausnahmsweise keine Zähne putzt. Auch Zeitreisen ein paar Jahre zurück bieten sich an, als die Schule noch kein Thema war. Dafür kann man Spiele spielen, für die Dein Kind schon zu alt ist, gemeinsam im Bett schlafen, auch ein großes Kind auf den Schoß nehmen und noch einen Kniereiter oder ein Fingerspiel spielen. Holt Euch ein bisschen Zeit zurück mit Tätigkeiten, die früher schön und wichtig waren.

Was will ich Dir in diesem Kapitel zeigen?

Aus meiner Sicht sollte nicht nur die Beziehung zu den Eltern bindungs- und bedürfnisorientiert sein, sondern jede zwischenmenschliche Beziehung – und auch nicht nur bei Babys und Kleinkindern, sondern in jedem Alter. Auf Dauer bleibt eine Beziehung sicher und gesund, wenn beide Seiten ihre Bedürfnisse aussprechen und wenn beide Rücksicht aufeinander nehmen, eben das System von Geben und Nehmen. Wer seine Bedürfnisse immer nur zum vermeintlichen Wohl der Familie hintanstellt, arbeitet erfolgreich am eigenen Burn-out.

Schon gewusst?

Es ist ein wichtiger Lernprozess, nicht immer nur das zu machen, was man möchte. Vielleicht noch wichtiger ist es, auch Dinge zu tun, die man nicht möchte. Falsch verstandene Toleranz und Akzeptanz schaden Deinem Kind und können dazu führen, dass es sich nicht altersentsprechend entwickelt. Durch diese übermäßige Rücksicht auf ein Kind kann ein möglicher Förderbedarf unentdeckt bleiben. Gewöhnt es sich an diese Haltung, wird es ihm in der Schule sehr schwerfallen, Aufgaben zu erledigen, auf die es keine Lust hat. Häufig führt das zu Verweigerung oder Konfrontationen – es fühlt sich nicht wohl in der Klasse, es gliedert sich nicht ein. Auch das wirkt sich auf den Lernerfolg aus, genauso wie auf das Verhältnis zu den Lehrer:innen.

Hausübung für Eltern

Wie vielfältig sind die Regeln und die Betreuungspersonen, die mit der Erziehung Deines Kindes zu tun haben? Mach Deinen Familienmitgliedern klar, dass sie Dein Kind am besten unterstützen können, wenn sie ihm gegenüber auch ihre eigenen Bedürfnisse äußern.

....

....

....

....

....

....

Buchtipp

Christina Buchner: „Disziplin – kein Schnee von gestern, sondern Tugend für morgen: Ein Praxishandbuch für Lehrer“. VAK, 2006.

8 Lernen und Wahrnehmung

Wenn Du mit liebevoller Konsequenz lange Zeit versuchst, Deinem Kind etwas Altersgerechtes beizubringen und es keine nennenswerten Lernfortschritte macht; wenn es schon in der Schule ist und intensives Üben keine oder nur sehr geringe Fortschritte bringt; wenn Dein Kind Dinge ablehnt, die für Kinder typisch sind, egal ob sie mit Bewegung, mit Sprache oder auch mit Zuhören oder genauem Hinsehen zu tun haben – dann gibt es auch hierfür wieder einen neurobiologischen Grund. Vermutlich hat es eine andere Wahrnehmung. Das bedeutet, dass es trotz guter Augen und Ohren Reize optisch oder akustisch anders aufnimmt oder sich selbst im Raum und den Raum um sich herum anders empfindet. Deshalb kann es manche Aufgaben nicht ausführen.

Oft kann man sich als Erwachsener nicht vorstellen, was denn an dem, was das Kind da machen soll, so schwer ist. Das sind doch ganz einfache Dinge, es muss doch „nur" den Stift in die Hand nehmen und die Buchstaben, die aus Strichen und Kreisen bestehen, nachzeichnen.

Es muss doch „nur" ein paar Zahlen zusammenzählen. Der Kreis muss doch „nur" schön ausgemalt sein, ohne dass das Kind über den Rand fährt ... und vieles mehr.

Zum besseren Verständnis

Wenn Dein Kind etwas vermeidet oder partout nicht machen will, ist das ein deutliches Zeichen dafür, dass ihm ein wichtiger Baustein in der Entwicklung seiner altersentsprechenden Wahrnehmung fehlt. Wenn Du dieses Anzeichen erkennst – sei froh, dass Du es erkannt hast! Denn daran siehst Du, wo Du ansetzen kannst. Schieb es nicht auf die lange Bank, sondern starte heute.

Du kannst Deinem Kind am besten helfen, wenn Du das, was es ablehnt, immer wieder anbietest. Natürlich nicht, um es zu quälen, sondern um ihm die Möglichkeit zu bieten, neuronale Verknüpfungen zu bilden in Bereichen, die offenbar nicht besonders gut vernetzt sind. Dabei soll es weder geärgert noch zwangsverpflichtet werden. Leichter gesagt als getan?

Spielt Dein Kind z. B. nicht gerne Puzzle, aber sehr gerne Uno, dann schlag ihm vor, Ihr beide spielt gemeinsam. Zuerst darfst Du selbst ein Spiel aussuchen, nämlich Puzzle, dann Dein Kind, z. B. Uno. Diese Reihenfolge ist wichtig, denn sonst wird zuerst Uno gespielt, und wenn Du das Puzzle auspackst, zieht sich Dein Kind zurück und spielt etwas anderes. Such ein Puzzle aus, das ein wenig zu leicht für Dein Kind ist, das zu raschem Erfolg führt, und spielt es gemeinsam, indem Ihr im ersten Schritt die Randteile und die Mittelteile sortiert. Danach bildet Ihr aus den Randteilen den Rahmen und füllt das Bild mit den Mittelteilen auf. Im Anschluss daran wird natürlich, wie versprochen, etwa gleich lang Uno gespielt.

Beim Puzzlespiel beispielsweise sind viele Wahrnehmungsschritte enthalten, die in Deinem Kind nachreifen können: das Sortieren der Teile in Rand und Mitte erfordert genaues Hinschauen. Dann muss man Gemeinsamkeiten zwischen den Teilen finden, damit man sie zusammensetzen kann. Man muss im Zweifelsfall auch überprüfen, ob ein Zäpfchen von der Form her überhaupt in das benachbarte Puzzleloch passen kann. Mit der Zeit ergeben die in der richtigen Reihenfolge zusammengesetzten Teile ein Bild, das zuerst nicht erkennbar ist, aber mit jedem passenden Teil mehr Gestalt annimmt und zweidimensional wahrgenommen wird. Das Umstellen von Drei- auf Zweidimensional will ebenfalls gut geübt sein, andernfalls können Kinder in der dreidimensionalen Welt zweidimensionale Buchstaben und Zahlen nur mit viel Mühe zu Papier bringen.

Rückblickend würde ich viel dafür geben, die Zeit bis zum Kindergartenalter zurückdrehen zu können und all das, was ich jetzt über differente Wahrnehmung und Denkweise weiß, anzuwenden, damit ich meinen Kindern schon vor Schulbeginn hätte helfen können. Ich wusste es damals nicht besser. Ich erhielt keine greifbaren Hinweise, und ich war auch der Meinung, dass sich die Schwächen bis zum Schulstart schon auswachsen würden. Taten sie nicht – welch Wunder. Im Nachhinein ist man immer schlauer. Fairerweise muss ich mich selbst fragen, ob ich die Tragweite erkannt hätte, auch wenn mich jemand darauf hingewiesen hätte, dass bei meinen Kindern diese oder jene Fähigkeiten nicht altersentsprechend ausgeprägt wären. Ich glaube, dass viele Eltern Hinweise von Fachleuten dahingehend, dass ihr Kind hier oder dort aus der Reihe tanzt, nicht hören möchten, den Rat nicht annehmen oder meinen, man würde, am Alter gemessen, zu viel erwarten. Das ist nur verständlich – niemand möchte gerne hören, dass das eigene Kind etwas anders ist als die anderen, speziell dann, wenn es keine ersichtlichen Gründe dafür gibt.

Die in der Erziehung vorherrschende Meinung, dass sich jedes Kind ganz frei entfalten und von ihm nichts verlangt werden soll, was es nicht selbst möchte, um seinen Charakter nicht zu verändern – diese Meinung unterstützt diese Ansicht. Deshalb warten die meisten Eltern zu und greifen nicht aktiv in die kindliche Entwicklung ein. Ja, ich bin auch für die freie Entfaltung des Charakters. Aber ist es eine Charakterfrage, wenn ich mein Kind dabei unterstütze und dazu anhalte, Grundfertigkeiten, in denen es Gleichaltrigen unterlegen ist, zu entwickeln? Ist es besser, ich überlasse seine Entwicklung dem Zufall und konfrontiere es ab dem Schulstart damit, dass es zu den Langsamsten und Schwächsten der Klasse gehört? Diese Frage muss jede Familie für sich entscheiden.

Um sie beantworten zu können, ist folgendes Wissen wichtig: Wenn die andere Art der Wahrnehmung und die übersprungenen Entwicklungsschritte das Weiterkommen in der Schule so massiv beeinträchtigen, dass es ohne professionelle Hilfe irgendwann nicht mehr geht, sind diese Probleme nicht in ein paar Wochen auskuriert. Es braucht im schnellsten Fall Monate, meistens jedoch Jahre. Solltest Du also vorbeugen wollen, dann: je früher, desto besser. Etwaige Schwächen zu erkennen, ist nicht schwer, wenn Du weißt, worauf zu achten ist. Dabei ist mir wichtig, dass Du Dein Kind nicht mit einem speziellen anderen Kind vergleichst, sondern mit den Fähigkeiten des Durchschnitts seiner Altersgruppe. Es gibt viele typische Verhaltensweisen, die besonders bei kleinen Kindern auffallen. Eine Checkliste dazu findest Du im Anhang dieses Buchs.

Kinder, die anders wahrnehmen, denken anders. Den Unterschied zwischen den Denkweisen zu verstehen ist grundlegend für jedes weitere Verständnis von Lernproblemen. Wenn ein Baby auf die Welt kommt und Sprache erst zu verstehen beginnt, denkt es trotzdem. Es denkt in Bildern. Irgendwann, wenn die Sprache sich verankert hat, spricht es beim Denken mit sich selbst. So zumindest funktioniert das bei einem Großteil der Menschen. Hat ein Mensch nicht von der Denkweise in Bildern zur

Denkweise in Sprache umgestellt, kann man sich das vorstellen wie Kino im Kopf. Diese Menschen sind meistens sehr kreativ und fantasievoll, haben als Kind aber große Probleme, das, was sie im Inneren denken, ins Außen umzusetzen. Ganz besonders, wenn es darum geht, Gedachtes zweidimensional in Form von abstrakter Schrift auf Papier zu bringen.

Hier ein Beispiel: Ein Diktat in der Grundschule. Den Schüler:innen wird der Satz „Auf der roten Blume sitzt ein bunter Schmetterling" angesagt. Die Sprachdenker:innen sagen sich den Satz im Kopf Silbe für Silbe vor und bringt ihn erfolgreich und zügig zu Papier. Das in Bildern denkende Kind hat mit der Umsetzung große Probleme. Es sieht weder die Wortbilder vor sich noch hört es den Satz vor dem inneren Ohr. Dafür hat es ein harmonisches Bild vor sich von einer Blumenwiese, und auf einer besonders hübschen Blume sitzt ein bunter Schmetterling. Dieses Kind könnte ein wunderschönes Bild malen, aber orthographisch korrekte Worte, leserlich geschrieben, binnen kurzer Zeit auf ein zweidimensionales Papier zu bringen, stellt ein fast unüberwindlich großes Problem dar.

Bilderdenker:innen haben die ursprüngliche Denkweise nicht umgestellt. Sie wirken kindlicher als Gleichaltrige, als ob eben manche Reifungs- und Entwicklungsprozesse verzögert wären. Sie zeigen Reaktionen und Verhaltensweisen, die bei jüngeren Kindern toleriert, aber bei älteren als herausfordernd empfunden werden. Außerdem kommen Botschaften nicht gut bei ihnen an: Du sagst etwas, aber Dein Kind reagiert nicht, so als wäre es im Traum oder als würde es nicht hören, aber laut Ohrenarzt ist alles in Ordnung - natürlich, denn es liegt nicht an den Ohren als Organ, sondern an den Arealen für die Sprache. Es wirkt, als könnte Dein Kind mit Aussagen, die es schon unzählige Male gehört hat, nichts anfangen - als hätte es sie noch nie gehört. Außerdem neigt es dazu, mehrere Dinge gleichzeitig machen zu wollen bzw. zwischen verschiedenen Dingen hin- und herzuspringen und bringt nichts davon zu Ende. Das liegt daran, dass es in seiner Gedankenwelt - je nach Film - hin- und herspringen kann.

Beim Spielen sind diese Kinder entweder ganz verträumt und in sich versunken oder sie moderieren und kommentieren ständig das, was sie vor dem inneren Auge sehen, meistens untermalt mit Geräuschen, die aus einem Actionfilm stammen könnten. Meiner Meinung nach wird die Bilderdenkweise durch die Mediennutzung deutlich verstärkt, ganz besonders durch Videospiele, weil diese das Abspielen der gedanklichen Filme im Kopf unterstützen. Je mehr Bildschirmkonsum, desto mehr Kopfkino, desto weniger Chance, Wortbilder abzurufen, desto schlechter die Rechtschreibung. Ich empfehle, die altersentsprechende Bildschirmzeit bei Kindern strikt einzuhalten. Tabellen mit Empfehlungen zur Nutzung von TV, Computer, Smartphone und Tablet gibt es im Internet – vor dem dritten Geburtstag jedoch auf keinen Fall!

Vorsicht, Falle: Lern-Apps für Kleinkinder, die bereits angeboten werden, machen Dein Kind nicht schlauer – im Gegenteil. Wenn Du Dein Kind bereits früh fördern möchtest, kannst Du das mit dem Anschauen von Büchern, mit Vorlesen, Spielen, Bewegung, Babyzeichensprache (gebärdengestützter Kommunikation), Puzzles, sensomotorischen Erfahrungen und anderem mehr.

Auch wenn es hier vielleicht anders wirkt, so sehe ich die Bilderdenkweise nicht als etwas Schlechtes an. Es regt die Kreativität enorm an und führt zu Ideen, auf die Sprachdenker:innen gar nicht kommen. Wenn es allerdings um schulische Leistungen – speziell um die Rechtschreibung – geht, ist sie leider hinderlich. Weil Bilderdenker:innen Bilder erfassen möchten und keine Buchstaben, Worte oder Sprache, macht ihnen das Lesen keinen oder nur sehr wenig Spaß. Hingegen finden es die meisten sehr schön, wenn ihnen vorgelesen wird, weil die Sprache des Vorlesers, der Vorleserin Bilder in ihrem Kopf erzeugt. Auch Hörspiele mögen sie meistens sehr.

Was will ich Dir in diesem Kapitel zeigen?

Wenn optische und akustische, fein- und grobmotorische Reize automatisiert an die richtigen Stellen gelangen, kann die kognitive Verarbeitung korrekt und schnell funktionieren – dann ist eine rasche und weitestgehend fehlerfreie Wahrnehmung gegeben. Unter diesen Umständen macht das Lernen großen Spaß, unabhängig vom Thema. Dein Kind versteht die Zusammenhänge, es bemerkt die Herausforderung, es wächst an ihr und entwickelt sich weiter. Die Kreativität wird angeregt, der Forscherdrang gestärkt. Blockaden in Wahrnehmung und Denkweise hingegen führen zu langsamem Arbeiten, erschwertem Verständnis und Demotivation bis hin zu Konflikten und Weigerung.

Hausübung für Eltern

Halte fest, in welchen Bereichen Dein Kind seiner Altersgruppe möglicherweise unterlegen ist. Um verborgene Ursachen besser herauszufinden, kann Dir die Checkliste im Anhang helfen.

....

....

....

....

....

....

Schon gewusst?

Eine Studie aus dem Jahr 2005 über Kinder mit Lese-Rechtschreib-Schwächen, bei der bildgebende Verfahren eingesetzt wurden, zeigte eine verminderte Reaktion in jenen Hirnregionen, die bei der Verarbeitung phonologischer Reize (Hörreize) aktiv werden. Aus meiner Sicht bestätigt das meine Auffassung, dass die Umsetzung von Bildern in Sprache und in weiterer Folge in Schrift die Hauptschwierigkeit darstellt.

Buchtipp

Lene Mayer-Skumanz, Irmgard und Anna Heringer: „Löwen gähnen niemals leise: Wie Lernen leicht gelingt. Geschichten, Tipps und Übungen für Kinder". VAK, 2015.

9 Lernen und Diagnosen

Wenn Lern- oder Verhaltensprobleme so groß werden, dass Familien Rat und Hilfe suchen, kommt man um eine Testung nicht mehr herum. Um genau festzustellen, wo das Problem liegt, füllen Eltern Fragebögen aus, Kinder machen verschiedene Übungen im Sinne von Rätseln und Spielen und danach liegt ein Ergebnis vor. „Hätten wir das nur schon viel früher gewusst! Warum hat uns noch niemand darauf hingewiesen?“, ist die häufigste Reaktion, die ich von Eltern höre, wenn ich ihnen erkläre, dass ihr Kind anders wahrnimmt, anders denkt und sich daher anders verhält als viele andere.

In dem Ausspruch der Eltern klingt ein wenig Vorwurf mit, dass Krippe, Kindergarten oder Grundschule keine Einschätzung dazu abgegeben hätten. Ja, es gibt viele Pädagog:innen, die Vorzeichen von Lernschwächen nicht als Symptome erkennen. Aber dabei vergisst man, dass das nicht ihre Aufgabe ist, also auch nicht unbedingt etwas, das sie erkennen müssten. Die Pädagogik als Wissenschaft ist so umfangreich und abwechslungsreich, es gibt so viele Teilbereiche und Spezialisierungen, dass nicht jede:r alles wissen kann. Nach einer abgeschlossenen Ausbildung gibt es eine Fülle von Weiterbildungsmöglichkeiten, wobei der Markt gerade im Hinblick auf Vorzeichen und Früherkennung von möglichen Lernschwächen ausgesprochen wenig Angebot bereithält. Ich denke, die Erkenntnis, dass es sich wirklich auszahlen würde, schon nach der Kinderkrippe spezielles Verhalten zu hinterfragen und Eltern darauf hinzuweisen, muss erst reifen. Dabei wären die Früherkennung und das damit verbundene Entgegenwirken die effizienteste und schnellste Möglichkeit, den betroffenen Familien eine große Menge Frust, Probleme, Kummer und Verzweiflung zu ersparen.

Der Fairness halber muss man sich in dem Zusammenhang aber auch fragen, wie viele Eltern einen Hinweis dahingehend aufgreifen würden, denn Kinder im Kindergarten müssen noch keine mit der Schule vergleichbaren Leistungen erbringen. Häufig fällt es zwar auf, dass ein Kind eine Aktivität vermeidet oder etwas noch nicht kann, aber da Kinder unterschiedlich lange brauchen, um Fertigkeiten zu erlernen, gibt es natürlich auch einen gewissen zeitlichen Spielraum. In dem einen oder anderen Entwicklungsbereich etwas langsamer zu sein, muss noch kein Symptom sein und insofern auch nichts, weswegen man eine Ursache ausfindig machen müsste. Das Ziel ist natürlich, Kinder sich weitestgehend frei entwickeln zu lassen und nicht auf Biegen und Brechen eine Schwäche zu suchen oder zu finden. Und schließlich sollen in diesen frühen Jahren Kinder doch noch richtig Kind sein dürfen, ohne Trainings- und ohne Terminplan. Andererseits vergisst man dabei, dass das Aufholen etwaiger Defizite sehr viel Zeit kostet und lange braucht. Wenn die Schule schon begonnen hat und sich die ersten Schwächen zeigen, meinen viele Eltern rückblickend, wertvolle Zeit vertan zu haben, in denen sie ihr Kind besser auf die Schule hätten vorbereiten können.

Zum besseren Verständnis

Die vorhandenen Schwächen erschweren Deinem Kind das Verständnis. Es braucht viel mehr Zeit und muss den Schulstoff intensiver lernen als die anderen Kinder, und es braucht Zeit, um die Ursache der Lernschwierigkeiten zu eliminieren. Das bedeutet sehr schnell viel Frust und Kummer, die sich im limbischen System niederschlagen: Angst und Stress sind die Folge. Im schlimmsten Fall kann sich eine Abwärtsspirale entwickeln und Schule wird immer mehr zum Horror für die ganze Familie.

Wenn Du den Kopf in den Sand steckst und davon nichts wissen willst, kannst Du Deinem Kind nicht helfen. Genauso kannst Du Deinem Kind nicht helfen, wenn Du mit ihm eine Expertensammlung anlegst, also von einem Fachmann und einer Fachfrau zur nächsten gehst. Mit einem völlig gut entwickelten Kind sämtliche möglichen psychologisch und pädagogisch Tätigen aufzusuchen, nur um irgendwo irgendetwas zu finden, schadet der ganzen Familie und ist völlig unnötig.

Aber ich möchte Dir nahelegen, Hilfe für Dein Kind zu suchen, wenn es berechtigte Zweifel gibt. Egal ob es der Hinweis eines professionell Tätigen ist oder Dein eigenes Bauchgefühl. Wenn Du Dich dabei ertappst, Dir immer wieder zu überlegen, ob andere Kinder dieses oder jenes Verhalten auch zeigen, dann geh den Fragebogen im Anhang durch. Sei dabei vor Dir selbst ehrlich. Beantwortest Du einige der Aussagen mit „Ja", dann such Dir Unterstützung. Je früher erkannt wird, dass tatsächlich eine Problematik dahintersteht, desto früher kann geholfen werden, desto früher verbessert sich die Situation, desto früher treten wieder Erfolge auf, desto früher entspannt sich Euer Alltag. Und desto besser können Folgeprobleme wie Selbstzweifel und Demotivation vermieden werden. Wenn Dein Kind Hilfe brauchen sollte, dann stellt sich das ohnehin früher oder später heraus, daran führt kein Weg vorbei. Und wenn Deinem Kind nicht geholfen werden muss und Dein Bauchgefühl nur falschen Alarm geschlagen hat, dann hast Du nach der professionellen Einschätzung eine wunderbare Bestätigung, dass das Kind sich bestens entwickelt – was willst Du mehr?

Das Berufsfeld jener, die Kindern mit Lernschwächen weiterhelfen können, ist relativ neu, die Thematik sehr komplex. Was Dein Kind braucht, ist auf jeden Fall keine Nachhilfe und kein Lerntraining, sondern jemanden, der feststellen kann, woher die Verhaltens- oder Lernprobleme kommen und wo die Ursache liegt und der helfen kann, diese zu beheben.

Prinzipiell bist Du mit diesem Thema bei Psycholog:innen oder bei freiberuflichen Pädagog:innen, die entsprechende Zusatzausbildungen gemacht haben, gut aufgehoben. In den meisten Ländern gibt es Verbände von Legasthenie- und Dyskalkulie-Trainer:innen, die eine Mitgliederliste und Kontaktadressen haben. In jedem Fall empfiehlt es sich, im Vorfeld abzuklären, ob sie spezielle Kenntnisse zu differenter Wahrnehmung und auditiver Verarbeitungs- und Wahrnehmungsstörung haben und ab welchem Alter sie mit Kindern arbeiten.

Zum besseren Verständnis

Diagnosen sind dazu da, genau aufzuzeigen, wo die Hilfe für Dein Kind ansetzen muss. Nun hast Du einen Namen für das Problem – davon allein wird der Lernerfolg nicht besser. Aber damit wurde festgestellt, wo die Ursache liegt, und diese kann durch entsprechende Hilfe vermindert oder sogar abgebaut werden. Die häufigsten Diagnosen im Zusammenhang mit Lernproblemen sind:

- LRS = Lese-Rechtschreib-Schwäche, die sich aus unterschiedlichen Gründen entwickelt haben kann: aus psychischen, physischen, emotionalen etc.
- Legasthenie = eine Lese-Rechtschreib-Schwäche aufgrund differenter Wahrnehmung
- RS = Rechen-Schwäche, die sich aus unterschiedlichen Gründen entwickelt haben kann: aus psychischen, physischen, emotionalen etc.
- Dyskalkulie = eine Rechenschwäche aufgrund differenter Wahrnehmung
- ADS bzw. ADHS = Konzentrationsschwächen
- AVWS = auditive Verarbeitungs- und Wahrnehmungsstörung, bei der Gehörtes nicht automatisiert verarbeitet werden kann, obwohl die Ohren an sich bestens funktionieren
- CVI = cerebrale visuelle Informationsverarbeitungsstörung, bei der Dein Kind Gesehenes nicht richtig verarbeiten kann, weil die visuelle Reizverarbeitung nicht entsprechend funktioniert

In deutlich selteneren Fällen gibt es Zusammenhänge mit Autismus oder dem Asperger-Syndrom, die sich zwar meistens im Schulerfolg, aber auch in der sozialen Interaktion bemerkbar machen.

Prinzipiell sind Lernschwächen keine Krankheit, wobei es für die Lernstörung eine WHO-Zertifizierung gibt. Trotzdem sind Kinder mit dieser Problematik nicht krank im herkömmlichen Sinn, stattdessen haben sie Schwierigkeiten bei der Umsetzung von Aufgaben. Allerdings kann in sehr schlimmen Fällen ein monate- oder jahrelanger Kampf mit Lernproblemen zu psychosomatischen oder auch psychischen Krankheiten führen. Hart ausgedrückt: Erkenne ich, dass mein Kind Lernschwächen hat, suche aber keine Unterstützung, ist das unterlassene Hilfeleistung.

Sollte Dein Kind zum einen eine Anamnese mit Hör- oder Sehproblemen haben und zum anderen schon im Kindergarten Auffälligkeiten zeigen, rate ich Dir zu einer entsprechenden Abklärung, besonders dann, wenn in der Verwandtschaft mindestens ein Fall von Lernschwäche bekannt ist. Viele Fachleute können schon ab dem vierten Geburtstag – also gut zwei Jahre vor Schulstart – aus einem bestimmten Verhalten auf die Ursachen für eine spätere Lernschwäche schließen. Dabei löst die Diagnose selbst das Problem noch nicht, aber sie ist wichtig, um der Ursache auf den Grund zu gehen. Außerdem benötigt der:die Lehrer:in diese als Grundlage, um gewisse Symptome im Verhalten oder im Lernerfolg bei der Benotung zu berücksichtigen. Zum Schutz betroffener Kinder gibt es Regelungen im Bildungssystem, wie beispielsweise den Legasthenie-Erlass für Kinder, die im Lesen und/oder Schreiben keine altersentsprechenden Leistungen erbringen können.

Diese Erlässe sind KANN-Erlässe: Der:die Lehrer:in muss sich nicht danach richten, aber die meisten Schulen berücksichtigen die Empfehlung der Bildungsdirektionen und agieren im Interesse des Kindes, wenn das Kind regelmäßige Förderung und Unterstützung erhält. Leider ist das nicht immer der Fall. Trotzdem empfiehlt es sich, auf ein möglichst gutes Einvernehmen zwischen Eltern, Lehrer:innen und Kindern zu achten und durch Gespräche Verständnis auf beiden Seiten zu erlangen. Im Zweifelsfall kann das Gutachten eines klinischen Psychologen, einer klinischen Psychologin helfen, da es über den Erlässen steht und zum Wohl des Kindes unter allen Umständen berücksichtigt werden muss. Aus meiner Sicht würde man den größten Teil der Diagnosen, Erlässe, Gutachten und Empfehlungen gar nicht benötigen, wenn es ein Bewusstsein dafür gäbe, dass Menschen unterschiedlich wahrnehmen und denken und dass die Art des Wahrnehmens und Denkens zu einem großen Teil mit der Dominanz der Gehirnhälften zu tun hat. Dafür müsste Schule neu gedacht werden, denn die Anforderungen dort entsprechen jenen Menschen, deren linke Gehirnhälfte dominiert. Eine dominante rechte Gehirnhälfte haben häufig große Erfinder:innen, Musiker:innen, Maler:innen und andere Künstler:innen. Beide Dominanzen sind gleich wertvoll!

Was will ich Dir in diesem Kapitel zeigen?

Wer das Wort „Diagnose“ hört, denkt häufig an eine Untersuchung, deren Ergebnis Menschen einen Stempel aufdrückt. Verständlicherweise möchten das viele Eltern für ihr Kind nicht und vermeiden es, einen Professionisten, eine Professionistin aufzusuchen. Zumindest vermeiden sie es so lange, bis entweder der Leidensdruck zu Hause zu groß wird, weil die Hausübungen tagtäglich mit unerträglichem Gezeter und Geschrei enden, oder bis eine Meldung von der Schule kommt. Lernschwächen sind ein sehr komplexes Thema – die Ursachen aufzulösen, dauert seine Zeit. Professionelle Hilfe für Menschen zu suchen, die diese Hilfe brauchen, ist ein wichtiger Schritt – diesen aufzuschieben, ändert nichts an der Ursache. Vorzeichen kann man schon früh – bereits im Kindergartenalter – erkennen. Je früher die Familien Bescheid wissen, desto schneller und effizienter kann geholfen werden. Auch wenn mit zunehmendem Alter Veränderungen schwieriger werden bzw. länger dauern: Geholfen werden kann – dank der Neuroplastizität des Gehirns – zu jeder Zeit, sogar noch im Erwachsenenalter.

Schon gewusst?

47 % der Kinder (Stand 2012 in Deutschland) haben Schwächen, die sie daran hindern, ihr volles Potenzial zu entfalten, das sie aber nutzen können, sobald die Ursachen ihrer Schwächen behoben sind. Ein harmonisch zusammenarbeitendes neuronales Netzwerk sorgt für eine rasche Auffassungsgabe und einen guten Lernerfolg als Grundlage für einen gut entwickelten Selbstwert, Widerstandsfähigkeit und ein selbstbestimmtes, glückliches Leben.

Hausübung für Eltern

Wenn Inhalte dieses Kapitels auf Dein Kind zutreffen, dann mach Dich auf die Suche nach dem richtigen Kontakt. Erfahrungen aus Deinem sozialen Umfeld können eine große Hilfe sein. Gibt es diese nicht, nutze Suchfunktionen im Internet oder schau Dir die empfohlenen Seiten im Anhang an.

Wer fällt Dir ein, der ähnliche Erfahrungen gemacht haben könnte?

Buchtipp

Ronald D. Davis: „Legasthenie als Talentsignal. Lernchance durch kreatives Lesen". Knaur, 2001.

Astrid Kopp-Duller: „Legasthenie und LRS – der praktische Ratgeber für Eltern". Herder, 2003.

10 Lernen und das System Schule

Sag mal, ganz ehrlich – wie viele Leute kennst Du, die im Nachhinein meinen, dass die Schulzeit die schönste Zeit ihres Lebens war? Also ich kenne nur ein paar wenige. Die meisten Menschen reagieren mit Kopfschütteln oder einem Gesichtsausdruck, als hätten sie Bauchkrämpfe oder Zahnschmerzen, wenn sie an diese Zeit zurückdenken. In etwa jeder zweiten Familie ist „Schule" ein nerviges Thema und belastet den Alltag – in manchen mehr, in manchen weniger. Etwa die Hälfte aller Schüler:innen kämpft zumindest in einem Fach. Bei etwa jedem zehnten Kind grenzt die schulische Belastung an Verzweiflung. Schade eigentlich, denn fast jedes Kind fiebert seinem ersten Schultag entgegen. Aber auf die anfängliche Euphorie folgt meistens recht schnell eine gewisse Ernüchterung, die Freude klingt schon bei vielen nach den ersten Schultagen rapide ab, und etliche Kinder wünschen sich bereits im Oktober des ersten Schuljahres zurück in den Kindergarten. Dabei sind Lernen und Weiterentwicklung etwas, das Kindern bis zur Schulzeit sehr viel

Spaß macht. Aber kaum ist man im System drin, ist Schluss mit lustig. Wo ist da der Wurm drin?

Kaum etwas in unserer heutigen Zeit ist so, wie es vor dreißig, vierzig oder fünfzig Jahren (oder noch länger) war. Erziehung hat sich verändert, der Blick aufs Kind hat sich verändert, die Ziele und Werte im Leben haben sich verändert. Das, was sich Eltern für ihre Kinder wünschen, hat sich verändert. Nur Schule ist so, wie sie immer war. Wer argumentiert, dass es nun Computer auf dem Lehrertisch und einen Beamer statt dem Overhead-Projektor gibt, oder dass man sich bemüht, gelegentlich Projekt- statt Frontalunterricht anzubieten, möchte vielleicht Teil 1 des Buchs nochmals lesen. Das System Schule ist dasselbe seit zig Generationen, und seit zig Generationen kommt es nicht der Art entgegen, wie Lernen laut unserer körpereigenen Neurobiologie funktioniert.

Was unter Maria Theresia revolutionär und modern war, ist schon seit mehreren Jahrzehnten nicht mehr zeitgemäß. Das können wir nicht nur am Befinden der Kinder, sondern auch an den wachsenden Burn-out-Zahlen der Lehrer:innen festmachen. Und wir haben Tausende ehemals idealistische Pädagog:innen mit großartigen Ideen und Vorsätzen, die nach ein paar Jahren Praxis das Handtuch werfen. Sie haben aber immerhin die Wahl, sich beruflich neu zu orientieren. Kinder haben keine Wahl. Sollte uns so ein System nicht zu denken geben?

Durchschnittlich 20 Jahre leben Kinder bei ihren Eltern, und mindestens die Hälfte dieser Zeit verbringen wir mit familienkollektivem Quälen, wobei alle froh sind, wenn das endlich vorbei ist. Wir setzen unseren heißgeliebten Nachwuchs neun und mehr Jahre einem System aus, von dem viele Erwachsene noch Jahrzehnte später meinen, dass sie so froh waren, als sie das endlich hinter sich hatten. Einem System, das danach sucht, was jemand nicht oder nur sehr mangelhaft kann, um dann genau auf diesen Mängeln herumzutreten. Wir fördern dort, wo die Schwächen eines Menschen sind – was für eine Zeit- und Energieverschwendung, ganz abgesehen von den katastrophalen Folgen für das Selbstwertgefühl. Man konzentriert sich auf Lerninhalte, die dem Kind nicht liegen, für die keinerlei Begabung vorhanden ist. Sobald die Schule vorbei ist, entscheidet sich kein vernünftiger Mensch für einen Beruf in einem Wissensbereich, den er schon zu Schulzeiten nach Möglichkeit vermieden hat und worin er jahrelang gequält wurde. Jene Bereiche hingegen, in denen sichtlich Stärken vorhanden sind, werden in der Schule nicht vertieft, weil ja ohnehin eine gewisse Veranlagung dafür besteht, also akzeptable Grundlagen vorhanden sind. Was macht dieses System mit uns Menschen? Es verdammt uns zur Mittelmäßigkeit.

Zum besseren Verständnis

Schulisches Lernen könnte so gestaltet werden, dass es den neurobiologischen Grundbedürfnissen der Kinder entspricht. Das ist im System Schule derzeit aber nicht der Fall. Lernen im Sinne von neurobiologisch erfolgreichen Vorgängen macht Spaß. Pauken ist neurobiologische Gewaltanwendung und macht keinen Spaß. Abgesehen davon gibt es eine Diskrepanz zwischen dem, was das System Schule von den Kindern will – nämlich angepasstes Funktionieren – und dem, was die Eltern von ihren Kindern wollen, nämlich die Entwicklung zu glücklichen, selbst denkenden und erfolgreichen Menschen. Diese Diskrepanz ist größer als in den vorhergehenden Generationen und führt zu größeren Problemen in der Schule. Daher scheint es so, als hätten heute mehr Kinder Lernschwächen als früher.

Jede:r, der:die das Buch bis hierher aufmerksam gelesen hat und mit dem Schulalltag vergleicht, kann das erkennen. Allein schon die physische Basis jeglichen Lernens, das Wassertrinken, das essenziell dafür ist, dass Denkvorgänge überhaupt erfolgreich stattfinden können, wird häufig verboten. In der Grundschule hat man Bedenken, dass Bücher oder Hefte nass werden könnten oder dass Kinder zu häufig auf die Toilette müssten. Lieber nimmt man in Kauf, dass die Kinder nicht leistungsfähig sind. Sogar in den weiterführenden Schulen ist Wassertrinken im Sportunterricht verboten: Die Kinder könnten eine Trinkpause vorschieben, um den Unterricht zu verkürzen. Unterricht, der ansprechend gestaltet ist, motiviert Kinder. Nur bei Langeweile oder Überforderung versuchen sie, sich Pausen zu erschleichen.

Kein:e Arbeitgeber:in eines privaten Unternehmens würde auch nur im Entferntesten auf die Idee kommen, eine:n Mitarbeiter:in dazu anzuhalten, sich auf das zu konzentrieren, was diese:r nicht gut kann. Mitarbeiter:innen werden in Schulungen geschickt, um das zu vertiefen, was sie schon gut können, um der Firma noch mehr zu nützen, um den Mitbewerb abzuhängen. Wenn jede:r in einem Team das übernimmt, was er:sie am besten kann, kommt man gemeinsam voran – eben durch den Einsatz der Stärken jedes und jeder Einzelnen und nicht durch das Kompensieren von Schwächen.

Nur mal angedacht, wir würden auch in der Schule so denken wie im Wettbewerb am Arbeitsmarkt: Um ihre Stärken zu erkennen, würden die Kinder eine Zeitlang im freien Lernen und Tun beobachtet, um in weiterer Folge darin gefördert zu werden, worin sie wirklich gut sind. Diese Fähigkeiten würden ausgebaut und ihre angeborenen Talente weiter vertieft. Wie spannend und interessant würden sie Schule empfinden, wie sehr würden sie sich darüber freuen, jeden Tag etwas tun zu dürfen, das sie wirklich weiterbringt. Welche Dimensionen könnten sie bei Schulabschluss schon erreicht haben?

Inhalte, die Interesse wecken, bewirken kognitive Fortschritte, weil sie dem entsprechen, was unser neuronales Netzwerk braucht. Dabei ist das Zusammenspiel aus drei Faktoren wichtig: *Wer* bringt mir etwas bei, *wann* bzw. unter welchen zeitlichen Umständen und *wo*, in welcher Lernumgebung. Idealerweise empfindet der:die Lernende Sympathie für den:die Lehrer:in, und der Zeitpunkt des Lernens entspricht dem Biorhythmus und den Ansprüchen des Lebensalters. Schließlich spielt noch die Lernumgebung eine Rolle. Binnen weniger Sekunden im Unterricht klären Hippocampus, Amygdala und Co ab, ob diese drei Kriterien erfüllt werden. Unter passenden Bedingungen findet im Lernenden ein erfolgreicher Lernprozess statt. Das wäre sinnvolle Förderung! Das Ergebnis wären motivierte, interessierte und kompetente neue Bewerber:innen auf dem Arbeitsmarkt, die jeden Tag Freude an ihrer Arbeit haben und diese dank ihrer Wissensbasis selbstständig ausführen können.

Aber nicht nur das *Wie*, also die Umstände in der Lernsituation sind wichtig, sondern auch das *Was*. Was von dem, was vermittelt wird, brauchen Kinder wirklich? Ich verstehe das nostalgische Idealisieren der Anhänger Humboldts, aber wir müssen uns die Frage stellen, ob humanistische Bildung noch zeitgemäß ist. Eine neue Ära stellt neue Ansprüche an Menschen. Brauchen wir für internationale, wirtschaftliche Wettbewerbsfähigkeit wirklich Anwender:innen vorgefertigten Wissens? Oder brauchen wir heute nicht viel eher kreative Menschen, die gelernt haben, Problemstellungen konstruktiv durch eigene Überlegungen zu lösen? Brauchen wir Menschen mit Allgemeinbildung, die überall zumindest ein wenig mitreden können, aber nirgendwo richtig? Auch wenn das bedeutet, dass sie jahrelang Dinge lernen, von denen sie ein Großteil nicht interessiert und die sie im Internet auf Knopfdruck nachlesen können? Oder brauchen wir Menschen, die sich ihren Stärken entsprechend spezialisieren und somit in diesem Bereich auf ein deutlich höheres Niveau an Wissen und Können kommen? Die ihre Fähigkeiten dort einsetzen können, wo sie gebraucht werden, die durch selbstständiges Denken einerseits und Spezialisierung andererseits Zusammenhänge sehen und Neues schaffen können?

In welchem der beiden Systeme werden Menschen weiter kommen? In welchem werden sie erfolgreicher sein? In welchem werden sie glücklicher leben und sich selbst besser verwirklichen können? Worauf kommt es uns an, was ist das Ziel im Leben?

Was will ich Dir in diesem Kapitel zeigen?

Ich plädiere für ein System, in dem Kinder dort gefördert werden, wo sie ihren angeborenen Begabungen entsprechend gut sind, wo sie ihre Stärken ausbauen und einen Level erreichen, der weit über ihr Talent hinausgeht. Dabei sollen Kinder Wahlmöglichkeiten und ein Mitspracherecht an den Fächern haben, die sie besuchen – in denen sie Unterrichtsgegenstände vertiefen können, die sie besonders mögen, und Fächer, die sie nur Überwindung kosten, ab einem gewissen Basiswissen abwählen können. Wenn Schule dafür da ist, dass Kinder ihr Können ihren Veranlagungen entsprechend ausbauen, werden sie den Unterricht lieben. Sie werden ihre Fähigkeiten und damit ihre Persönlichkeit entfalten. Lehrer:innen unterrichten dann homogene Gruppen wissbegieriger Schüler:innen, statt den täglichen Spagat zwischen dem Fördern der Schwachen und dem Interesse der Begabten zu meistern. Das wertet den Unterricht auf: Lehrer:innen haben selbst mehr Spaß an ihrem Beruf und vermitteln die Inhalte interessanter. Sie geraten seltener an ihre Grenzen und leiden seltener unter Burn-out. Bis es zu der dringend nötigen, umfassenden Schulreform kommt, bleibt Dir allerdings nichts anderes übrig, als Dein Kind in den Bereichen zu fördern, in denen es keine altersentsprechenden Leistungen erbringt.

Hausübung für Eltern

Du kannst das Schulsystem nicht ändern, aber Du kannst den Blick auf Dein Kind ändern. Schau in einem ruhigen Moment – nicht unbedingt gerade nach einem Streit wegen der Hausaufgaben – mit einem anderen Blick als dem des ungeduldigen Elternteils, der nicht versteht, was denn an der Aufgabe so schwer sein soll, auf Dein Kind. Was macht Dein Kind gerne? Worin ist es richtig gut? Schreib für Dich selbst auf, welche Stärken Dir an Deinem Kind auffallen und welche davon Du besonders magst.

Schon gewusst?

Die Kosten für Sitzenbleiben machen in Österreich etwa acht Milliarden Euro pro Schuljahr aus. Eine wissenschaftliche Abschlussarbeit aus dem Diplomstudium Pädagogik an der Uni Wien von 2012 hat sich mit den Auswirkungen auf jene Kinder beschäftigt, die gegen ihren Willen ein Jahr wiederholen müssen. Aus Platzgründen hier eine kurze Zusammenfassung: Wenn ein Kind ein Schuljahr wiederholen muss, liegt das meistens nur an einem Fach. Den Stoff in allen anderen Fächern nochmals durchzukauen, hat keinen Sinn. In den meisten Fällen sind die Kinder nicht reif genug, das Extrajahr als Chance zu nutzen, in dem sie aufholen können, sondern werden weiterhin schlechte Schüler:innen bleiben. Sie empfinden ihr Versagen als beschämend und sind zutiefst frustriert, wenn sie aus ihrem angestammten Klassenverband gerissen werden und sich in eine neue Klasse mit bereits bestehender Klassengemeinschaft integrieren müssen. Neurobiologisch gesehen sind das Leid, welches das Wiederholen hervorruft, und der Schmerz, „zu dumm zu sein", so groß, dass sie künftige Lernerfolge hemmen.

Investieren wir die acht Milliarden doch lieber in etwas Sinnvolles: Investieren wir in die Kindergärten! Fördern wir Vier- und Fünfjährige in ihrer Wahrnehmung, auf dass jene Ursachen, die für die Hindernisse im Schulalltag verantwortlich sind, bereits vor Schulbeginn aufgelöst oder zumindest stark geschwächt werden. Lernschwächen treten dann seltener auf, die Kinder entwickeln sich besser, brauchen seltener pädagogische und psychologische Hilfe, sie werden seltener durch Diagnosen stigmatisiert, sie haben seltener psychosomatische Probleme, somit verringern sich auch die Arztkosten. Dafür sind sie als Erwachsene erfolgreicher und glücklicher, arbeiten lieber, haben weniger Krankenstände und seltener Burn-out – und sparen somit den Krankenkassen enorme Kosten.

Buchtipp

Markus Hengstschläger: „Die Durchschnittsfalle. Gene – Talente – Chancen“. Ecowin, 2020.

Teil 3

Wie kann man dieses Wissen für Lernprozesse nutzen?

Erfolgreiches Lernen hat subjektive und objektive Grundlagen. Die subjektive Grundlage ist die Einzigartigkeit jedes Gehirns mit seinem eigenen, hochkomplexen Bauplan. Die Zusammenstellung der synaptischen Verbindungen ist für Begabungen und Talente verantwortlich. Aufgaben, die uns schwerfallen, betreffen Arbeit in Gehirnarealen, die weniger gut verknüpft sind.

Die objektiven Grundlagen liegen in der Lernatmosphäre: Wie interessant sind die Inhalte? Wie ist die Beziehung zum:zur Lehrer:in? Spricht die Unterrichtsmethode beide Gehirnhälften an, sodass deren Zusammenarbeit über das Corpus Callosum gefördert wird? Hat der:die Lernende ein gewisses Grundvertrauen in die eigene Leistung? Unter diesen Voraussetzungen entwickeln Kinder eine enorme Leistungsfähigkeit. Das limbische System bewertet die eintreffenden Informationen positiv, Serotonin, Dopamin und andere Botenstoffe sorgen für Aufmerksamkeit, und der Hippocampus nimmt neue Informationen im Kurzzeitgedächtnis auf. In kürzester Zeit wird dabei schon vorhandenes Vorwissen mit den neuen Reizen abgeglichen.

Deshalb ist es sinnvoll, den Einstieg in den weiteren Unterricht mit einer Wiederholung zu beginnen, eben um Bekanntes wieder aufzufrischen. Weil das Hirn Bilder und Geschichten mag, bieten gerade diese sich dafür an. Eine mit ein paar einfachen Strichen gezeichnete Sketch Note (wer dazu Ideen sucht, wird im Internet beispielsweise unter „Simone Abelmann" fündig) oder eine gemeinsam erstellte Mindmap sprechen die Arbeits- bzw. Denkweise beider Gehirnhälften an, weil sie Bilder mit Sprache verknüpfen. Je unterschiedlicher die angebotenen Reize sind – eben Bilder, Geschichten, Gerüche, Bewegungen, haptische Erlebnisse etc. –, desto stärker ist der kognitive Konstruktionsprozess sowohl bei neuen Erfahrungen als auch beim Abgleich mit dem Vorwissen.

Den Wert des Vorwissens betont Margret Arnold in ihren zwölf Prinzipien für Lernprozesse. Lernen, so hat sie herausgefunden, ist effizienter, wenn die Umgebung stimmt, die Inhalte schon an vorhandenes Wissen anknüpfen können und dabei positive Gefühle im Lernenden hervorrufen, also auch eigene Interessen berücksichtigt werden dürfen. Konkrete Handlungen, bei denen eigene Erfahrungen mit neuen Informationen verbunden werden, sowie ein sozialer Bezug zum Thema unterstützen die Motivation. Außerdem hängt der Lernerfolg auch davon ab, ob Schüler:innen den Zusammenhang mit dem Ganzen sehen. Wer es versteht, auf die individuellen Unterschiede der Schüler:innen einzugehen und sie ihre Talente auf unterschiedliche Art einsetzen lässt, fördert ihre individuelle Kompetenz. Dabei dürfen die Aufgaben durchaus herausfordernd sein.

Wenn man die Komplexität aller hier aufgelisteten Zusammenhänge bedenkt, ist es nicht verwunderlich, dass Lernprozesse nicht bei jedem Kind optimal funktionieren. Trotzdem wird von Kindern, die keine sichtliche kognitive oder körperliche Beeinträchtigung haben, erwartet, in der Schule gute Leistungen zu erbringen. Aber etwa die Hälfte aller Kinder hat Schwierigkeiten beim Lernen, die behoben werden könnten, wenn sie diagnostiziert würden. Diagnosen selbst beheben nicht die Ursache, aber sie zeigen auf, was aufgearbeitet werden muss, damit Lernen aus neurobiologischer Sicht erfolgreich stattfinden kann.

Ich verstehe den Einwand, dass man doch bei jedem Menschen etwas finden kann, was nicht perfekt funktioniert, wenn man danach sucht. Ja, das ist völlig richtig, jeder Mensch kann irgendetwas nicht. Gibt es *eine* Schwierigkeit, so kompensiert der Mensch sie mit anderen Fähigkeiten. Vielleicht kompensiert er auch noch eine zweite. Die Komplexität der Lernschwächen liegt darin, dass bei den meisten Kindern, die sich in der Schule wirklich plagen, mehrere Komponenten zusammenspielen und daher das Kompensieren nicht mehr möglich ist. Weil man diese Komponenten nicht sieht, werden sie meistens nicht untersucht und somit auch nicht erkannt. Die häufigsten Ursachen sind

- nicht aufgelöste frühkindliche Reflexe und eine Tonusfehlregulation
- das Benutzen der falschen Hand als dominanter Hand, was mit der Dominanz der Gehirnhälfte nicht übereinstimmt und für Chaos im Kopf sorgt
- eine verbesserungsbedürftige Vernetzung der Hirnareale
- Denken in Bildern statt in Sprache, was zu auffallend hoher Kreativität führt, die aber im Schulbetrieb keine geschätzte Eigenschaft ist
- Schwierigkeiten bei der Verarbeitung und Wahrnehmung optischer Reize
- Schwierigkeiten bei der Verarbeitung und Wahrnehmung akustischer Reize
- Schwierigkeiten bei der Verarbeitung und Wahrnehmung von Reizen, die mit der Lage des eigenen Köpers oder der Umgebung im Verhältnis zum Körper zusammenhängen
- ein Übermaß an Reizen, die nicht verarbeitet werden können und schließlich als Schutz vor Überlastung zum Abschalten führen, jedoch ein Aufmerksamkeitsproblem zu sein scheinen
- Ängste, die sich manifestiert haben
- eine Ernährung, die den neurobiologischen Vorgängen im Körper entgegenwirkt

Dank der Neuroplastizität des Gehirns, also seiner Veränderbarkeit, kann man die oben genannten Ursachen nach und nach bearbeiten, sobald man weiß, wo sich Blockaden aufgebaut haben. Entscheidend ist die zum Kind passende Zusammenstellung des Trainings, um die Ursache der Lernprobleme zu beheben und nicht nur die Symptome zu überdecken. Dabei braucht es viel Geduld, Verständnis und elterliche Unterstützung. Keinen Vorwurf, keinen Druck.

Wo Du ansetzen kannst, um Deinem Kind zu helfen, sagt Dir Dein Kind ganz von selbst. Du musst es nicht fragen, sondern nur beobachten. Was mag es nicht? Welche Beschäftigungen vermeidet es? Niemand kennt Dein Kind so gut wie Du. Schau ehrlich hin und Du hast die Antwort. Erinnere Dich zurück an die ersten Lebensjahre Deines Kindes. Fällt Dir etwas ein, was es nicht machen wollte, obwohl viele andere Kinder aus dem Freundeskreis dabei viel Spaß hatten? Schaukeln, rutschen, Sand spielen, bauen, klettern? Dann beginn mit genau diesen Aktivitäten. Sorge für die Bildung einer Fülle vielfältiger neuronaler Verknüpfungen, indem Ihr raus in die Natur geht, ein lustiges Kartenspiel spielt oder rätselt. Was im Gehirn Deines Kindes beim Spielen passiert, ist nicht zu unterschätzen! Außerdem kann es zum psychohygienischen Prozess werden, weil Kinder beim gemeinsamen Tun unbewusst gerne zu erzählen beginnen, was sie beschäftigt, was in ihnen vorgeht.

Bau Tätigkeiten in den Alltag ein, die Ihr sonst nicht macht oder die Dein Kind normalerweise vermeidet. Das heißt nicht, dass Du Dein Kind absichtlich mit Beschäftigungen ärgern sollst, die es hasst, sondern dass Ihr gemeinsam auf einem sehr niedrigen Niveau mit Grundlagen beginnt. Achte darauf, dass Du Dein Kind – völlig egal, wie alt es laut Geburtsurkunde ist – auf seinem tatsächlichen Entwicklungsstand abholst. Andernfalls kostet es nur Mühe und Kraft und endet in großem Gezeter und Streitereien. Wenn Du verschiedene Tipps aus diesem Buch eine angemessene Zeitlang konsequent befolgt hast, aber keinerlei Veränderung bzw. Verbesserung bemerkst, oder wenn Du meinst, Du kannst das nicht selbst, dann such Dir Hilfe – besser früher als später. Wenn Dir das unangenehm ist, dann denk daran, dass es um Dein Kind geht, nicht um Dich. Ursachen erkennen, aber nicht eingreifen? Das nennt man bei körperlichen Problemen „unterlassene Hilfeleistung".

Hilfe kannst Du finden bei Psycholog:innen und Pädagog:innen mit spezieller Ausbildung zu Lernschwächen und AVWS, Orthoptist:innen zur Feststellung einer eventuell vorliegenden CVI, bei Rota-Therapeut:innen betreffend Tonusfehlregulation, bei einer Händigkeitsberatung nach der Methodik Dr. Sattler, bei Ergotherapeut:innen und Kinesiolog:innen. Für schnellere Fortschritte kann eine Kombination von zwei oder sogar drei Fachleuten ratsam sein, zusätzlich zu Übungen für zu Hause.

Woran erkennst Du, ob Du in guten Händen bist?

Wenn Du den ersten Teil des Buchs aufmerksam gelesen hast, weißt Du, dass Dir Bereiche aus Deinem Limbischen System und die entsprechenden Botenstoffe Signale senden, auf die Du Dich verlassen kannst. Man nennt das im Volksmund ‚Bauchgefühl', und es regt sich meistens schon beim allerersten Kontakt.

Bitte beachte, dass die meisten Menschen, die mit schulpflichtigen Kindern arbeiten, nachmittags nicht telefonieren können. Ideal ist daher eine Nachricht ans Telefon oder eine E-Mail, um einen Termin für ein erstes Telefonat zu vereinbaren.

Sei nicht enttäuscht, wenn Dein bevorzugter Kontakt zur Zeit keine Kapazitäten hat. Die Nachfrage ist leider viel zu groß. Gute Lernfördertrainer:innen sind soweit vernetzt, dass sie eine:n Kolleg:in empfehlen können. Wenn es nicht allzu dringend ist, kann man natürlich auch bitten, auf die Warteliste gesetzt zu werden oder spontan entfallene Stunden zu übernehmen, sofern es zeitlich möglich ist.

Leg Dir Deine wichtigsten Fragen für das Erstgespräch zurecht und achte darauf, ob sie empathisch beantwortet werden. Statt eines Telefonats kann auch ein persönliches Erstgespräch oder ein Online-Meeting angeboten werden. Egal, auf welche Weise das Erstgespräch erfolgt – es gehört dazu, dass Familien noch vor einer Testung oder vor Beginn eines Trainings umfassend zu den Hintergründen und den Erfolgsmöglichkeiten aufgeklärt werden und dass auf alle Fragen eingegangen wird.

Wie Du an diesem Buch gesehen hast, ist das Thema Lernschwäche sehr komplex. Egal ob Du Dich an psychologische oder pädagogische Fachleute wendest, die meisten werden trotz umfassender Weiterbildung nicht alle möglicherweise vorhandenen ‚Baustellen' abdecken können. Deshalb gehört es zu einer professionellen Unterstützung, offen und ehrlich zu sagen, wo die eigenen Grenzen liegen und wen man für eine möglichst schnelle Verbesserung mit ins Boot holen könnte. Ich denke da z. B. an Orthoptist:innen, Ergotherapeut:innen, Rota-Therapeut:innen, Logopäd:innen etc.

Wie viele und welche möglichen Probleme (siehe Kapitel 9) abgeklärt werden sollten, liegt an der Familie selbst. Idealerweise sollte bei der Testung zu Lernschwächen ein relativ aktueller augen- und ohrenärztlicher Befund vorliegen. Manche Eltern haben die Ansicht, dass zu viele professionelle Untersuchungen in kurzer Zeit ihr Kind überfordern. Andererseits kann bei mangelnder Abklärung auch Essenzielles übersehen werden, was zu einseitigem Training führen könnte, das dann nicht ausreicht. Und das merkt man oft erst nach Monaten.

Unabhängig davon, an wen Du Dich wendest, sollte es Dich vorsichtig machen, wenn ...

- Du das Gefühl hast, dass Druck auf Dich oder Dein Kind ausgeübt wird,
- der Trainer oder die Trainerin in irgendeiner Form eine Schuldfrage in den Raum stellt,
- die Einnahme von Medikamenten empfohlen wird,
- schnelle Erfolgschancen binnen weniger Wochen in Aussicht gestellt werden,
- dem Ergebnis des IQ viel Wert beigemessen wird.

Von wem eher keine Hilfe zu erwarten ist, ist die Schule. Das mag viele Eltern überraschen, ist aber verständlich: Im Unterricht erkennt man das Symptom. Es sind aber die Ursachen, die zu Lernschwächen führen, und diese festzustellen bzw. zu beheben ist eben ein anderer Beruf.

Man würde beispielsweise einem Orthopäden nicht vorwerfen, dass er keine Herzoperation durchführen kann, es ist schlichtweg eine Spezialisierung in eine andere Richtung, auch wenn beide Professionist:innen Ärzt:innen sind. Einen Vorwurf kann man aber dem Schulsystem machen, das verbietet, Empfehlungen für passende Fachleute abzugeben.

Dennoch gibt es auch gewisse Errungenschaften der letzten Jahre oder Jahrzehnte aus Politik und Verwaltung, die im Sinne betroffener Kinder mit diagnostizierten Lernschwächen ausgelegt werden können und sollen. Genaue Angaben darüber, welche Rechte und Ansprüche Kinder haben, kann dieses Buch leider nicht machen, weil dies von Land zu Land und sogar von Bundesland zu Bundesland variiert (und das, obwohl natürlich ein Kind mit beispielsweise Rechtschreibschwäche überall dieselben Probleme hat, unabhängig von der Region, in der es lebt). So ist es z.B. in der Schweiz völlig selbstverständlich, dass Lernende mit diagnostizierter Lernschwäche mehr Zeit für schriftliche Arbeiten erhalten. Diesen Luxus vermissen viele Schüler:innen und Student:innen aus dem Raum Wien, mit denen ich arbeite.

Auf den Websites der Unterrichtsministerien findet man Handreichungen zum Thema Lese-Rechtschreib-Schwäche, Rechenschwäche und Cerebrale Visuelle Informationsverarbeitungsstörung, außerdem die entsprechenden Erlässe und den sogenannten Nachteilsausgleich. So kann man beispielsweise lesen:

„Sowohl aus den Lehrplanbestimmungen als auch aus der Verordnung ergibt sich somit eindeutig, dass der Gesichtspunkt der Schreibrichtigkeit keinesfalls die einzige Grundlage der Leistungsbeurteilung sein kann und darf. (...) Mit Bezug auf die Leistungsbeurteilung – insbesondere im Pflichtgegenstand Deutsch – ist daher verantwortungsbewusst abzuwägen, inwieweit nur ein einzelner Leistungsbereich – nämlich die Schreibrichtigkeit – bestimmend für die gesamte Bildungs- und Berufslaufbahn eines jungen Menschen sein soll.“

Für betroffene Familien wirkt das hoffnungsvoll, die tatsächliche Auslegung hängt aber von den einzelnen Lehrenden ab. Während Legasthenie beispielsweise im Deutschunterricht weitestgehend berücksichtigt wird, ist das im Fach Englisch, das für viele Kinder noch weitaus größere Herausforderungen darstellt, nicht vorgesehen. Zusätzlich zu den Empfehlungen des jeweiligen Unterrichtsministeriums, die für alle Schüler:innen eines Landes gelten sollten, gibt es weitere Regelungen je nach Bildungsverwaltung der Bundesländer. Ergänzend dazu finden sich auf der Website der Schulpsychologie hilfreiche Informationen.

Die Grundlage dafür, überhaupt Erleichterungen für das eigene Kind geltend machen zu können, ist einmal mehr eine entsprechende Diagnose. Diese kann von der Schulpsychologie gestellt werden und hat danach den Grad einer Empfehlung an die Lehrenden. Tatsächlich weisungsgebend und bindend sind Gutachten von Klinischen Psycholog:innen, sie sind unumstößlich, d. h., die Schule hat sich bedingungslos daran zu halten.

Wenn es Dir gelingt, mit oder ohne Diagnose in einem freundlichen Gespräch Verständnis für Dein Kind von Seiten der Schule zu erlangen, hast Du viel erreicht. Nun braucht Dein Kind – abgesehen von Deinem Einsatz, den unterstützenden Maßnahmen aus dem Buch und dem Verständnis der Schule – qualifizierte Förderung. Das geht nicht von heute auf morgen, aber in der Regel zeigen sich bei individuell maßgeschneidertem, professionellem Training nach etwa zwei Monaten erste Erfolge, die nach und nach größer werden.

Die Behebung der Ursachen geht in den meisten Fällen mit einem enormen Entwicklungsschub einher. Dein Kind kann optische, akustische und räumliche Reize und Informationen schließlich automatisiert an die entsprechenden Hirnareale weiterleiten, weil sich die benötigten Verknüpfungen gebildet haben. Dein Kind hat gelernt, altersentsprechend wahrzunehmen. Nun kann es seine Aufmerksamkeit länger halten. Bessere Leistungen bedeuten kleine Erfolge, das kurbelt seine Motivation an. Schließlich wird sein Verhalten kooperativer, der Widerstand nimmt ab, das Familienleben entspannt sich und Dein Kind holt in der Schule auf.

Ist die neurobiologische Vernetzung verbessert, reicht häufig der natürliche Nachreifungsprozess aus, um die schulischen Leistungen auf ein gewünschtes Maß zu bringen. In vielen Fällen wirken die Erfolge so motivierend, dass aus genau diesen ehemals schwachen Kindern eifrige Schüler:innen werden, die Lob und Anerkennung umso mehr genießen, als sie wissen, wie hart sie sich den Erfolg verdient haben. Sollten nach dem Beheben der Ursachen doch noch etwaige Lücken im Lernstoff vorhanden sein, können diese mithilfe von Eltern oder Nachhilfelehrer:inen ausgeglichen werden, denn nun sind die neurobiologischen Voraussetzungen dafür geschaffen.

In der praktischen Tätigkeit mit Deinem Kind sprichst Du sein Denken und sein Verständnis mit Erklärungen in Geschichten und Bildern besonders gut an, denn das sind die Dinge, die das Gehirn interessieren, die das Belohnungszentrum als Lust empfindet. Mach aus den Lernelementen Personen mit Charakteren, die ein Abenteuer erleben. Das braucht etwas Übung, aber wenn Du verstanden hast, wie Du Dein Kind damit begeistern kannst und dass es auf einmal Zusammenhänge versteht, die es davor nicht begriffen hat, hast Du gewonnen!

Anhang

Checkliste

Verhaltensmerkmale, die auf (zukünftige) Lernschwierigkeiten schließen lassen

Diese Kinder ...

- haben generell auffallend gute und schlechte Tage.
- sind in Alltagssituationen besonders wach und interessiert.
- sind einerseits oft ängstlich und unsicher, haben aber dann wieder vor nichts Angst und überschätzen ihre körperlichen Fähigkeiten.
- haben ihre „eigene“ Ordnung.
- haben eine sehr geringe Frustrationsschwelle.
- haben immer wieder Kontakt- und/oder Kommunikationsprobleme.
- sind oft in ihrer eigenen Welt und reagieren nicht, auch wenn sie mehrmals mit lauter Stimme ermahnt werden.
- haben eine auffallende Merkfähigkeit und sind besonders kreativ.
- haben meist ein überdurchschnittliches technisches Verständnis.

Merkmale im Zusammenhang mit Motorik oder Raumlage

- keine oder eine verkürzte Krabbelphase
- auffallend früher oder sehr verspäteter Gehbeginn
- schlechte Körperkoordination
- sehr ruhig oder motorisch sehr unruhig
- manchmal überhastet, manchmal extrem langsam
- benutzt lange Zeit Hilfsschritte beim Stiegensteigen

- Unlust, sich frei zu bewegen
- Höhenangst
- läuft mit schwerem oder trippelndem Schritt
- Ruderbewegungen beim Laufen und Springen
- fällt über Dinge, die nicht da sind, oder über die eigenen Füße
- Bewegungen wirken ungeschickt, das Kind stolpert leicht, fällt oft hin oder läuft gegen sichtbare Hindernisse
- häufige Unfälle (z.B. Fall vom Dreirad oder Fahrrad)
- Angst vor dem oder Schwierigkeiten beim Klettern, Springen, Drehen, Rutschen oder es bekommt nie genug davon
- Schwierigkeiten beim Werfen oder Fangen von Bällen
- Schwierigkeiten beim Erlernen von Sportarten (Radfahren, Schwimmen ...)
- Probleme beim Schnurspringen oder bei Purzelbäumen
- beidbeiniges Hüpfen, Rückwärtsgehen oder Balancieren gelingt nicht, vor allem mit geschlossenen Augen, Probleme beim Treppensteigen und Hampelmann-Machen
- Orientierungsprobleme
- Schwierigkeiten beim Anziehen oder braucht sehr lange
- das Schließen und Öffnen von Reißverschlüssen, das Knöpfen und das Binden von Schleifen bereitet oft Schwierigkeiten
- Ungeschicklichkeit mit Messer, Gabel, Schere etc.
- kleine Missgeschicke passieren häufig (z.B. Essen verschütten)
- Schwierigkeiten bei Fingerspielen
- weiß bei Brettspielen nicht, wann es selbst an der Reihe ist
- kein Spiel wird zu Ende gebracht
- vermeidet gewisse Spiele wie Memory, Puzzle etc.
- liebt Konstruktionsspiele
- Spiele werden immer wieder unterbrochen
- braucht oft sehr lange, bis ein neues Spiel ausprobiert wird
- mag nicht gerne berührt werden (kann temporär sein)
- egal, wie oft Du dem Kind im Geschäft schon gesagt hast, dass es nichts anfassen soll, es kann seine Finger nicht von den Dingen lassen

Merkmale in sprachlichem Zusammenhang

- als Säugling viel geweint
- in vielen Situationen gesteigerte Erregbarkeit oder Zurückhaltung und Schüchternheit
- verspäteter Sprachbeginn
- Sprachfehler
- Worterfindung, Kreieren eigener Wörter
- falsche Farbbezeichnung (z. B. gelb/grün)
- Begriffsverwechslung
- Satzbau ungeordnet bzw. unvollständig
- Buchstaben oder Silben werden vertauscht
- meldet sich zu Wort, weiß aber nicht, was es sagen wollte
- denkt schneller, als es handelt
- genießt das Vorlesen ganz besonders und möchte dazu die Bilder anschauen
- reagiert sehr schreckhaft auf laute Geräusche
- Verwechslung richtungsweisender Bezeichnungen (wie z. B. rechts und links)
- bei Aufforderungen wie „Geh einen Schritt zurück" ist unklar, was getan werden soll
- Schwierigkeiten beim Zuhören oder dabei, Gehörtes wiederzugeben
- kann schlecht Reihenfolgen einhalten (z. B. „Hol die Tasche, dann zieh dir die Schuhe an und stell dich in der Reihe an") oder nachvollziehen
- Geschichten werden nicht in der richtigen Reihenfolge (nach-)erzählt
- kein Interesse an Buchstaben und/oder Zahlensymbolen
- kein Interesse, den eigenen Namen schreiben zu lernen
- schlechtes Namensgedächtnis
- Gegenstände und Personen werden nicht gut erkannt oder verwechselt
- wenig Interesse an Kinderreimen und -liedern
- merkt sich keine Gedichte und Lieder
- Rhythmen können nicht/kaum nachgeklopft werden

Merkmale im schulischen Zusammenhang

- mag nicht zeichnen oder basteln
- häufiges Malen über den Rand
- Koordinationsschwierigkeiten mit dem Stift
- Schwierigkeiten beim (Aus-)Schneiden
- kann nicht zeichnen oder nur sehr einfach
- kann nicht sitzen bleiben
- verliert beim Arbeiten dauernd den Faden, unterbricht Tätigkeiten, plaudert dazwischen und hat Schwierigkeiten, eine Aufgabe anzufangen
- hat Schwierigkeiten, beim Aufzeigen abzuwarten, bis es aufgerufen wird
- beim Schreiben oder Lesen wippt das Kind dauernd mit dem Sessel oder wackelt mit den Beinen
- die Kraft in den Armen, Händen und Fingern ist zu stark, zu schwach oder kann nicht dosiert werden
- schreibt „wie der Hahn am Mist" (kommt nicht mit dem Platz aus etc.)
- durch ungeschickte Bewegungen wird oft die Arbeit zerstört
- lässt sich leicht ablenken, kann sich nicht lange konzentrieren
- oft sehr langsames Arbeitstempo
- vermeidet problematische Situationen oder überspielt Probleme durch Verhaltensauffälligkeiten wie Kaspereien oder Aggressivität
- fragt immer wieder, wie bestimmte Buchstaben geschrieben werden
- sagt sich immer wieder den Laut vor und überlegt, wie der Buchstabe aussieht
- schreibt Zahlen oder Buchstaben seitenverkehrt
- dreht die Reihenfolge beim Lesen um (z. B. lieb – leib)
- erfindet beim Lesen Wörter
- hat besondere Mühe beim Erlernen des Zusammenlautens
- Anfangs- oder Endbuchstaben von Worten werden überhört
- fügt bei Ansagen Buchstaben hinzu (z. B. Belech statt Blech)

- verwechselt b und d, ei und ie oder Ähnliches beim Schreiben und Lesen
- verdoppelt Anfangsbuchstaben (z. B. Aapfel)
- verwechselt bei Ansagen und bei Gedächtnisübungen B und P, D und T, G und K
- verwechselt lange und kurze Vokale, schreibt ein „stummes h", wo eigentlich ein Doppelbuchstabe kommt oder umgekehrt
- lässt beim Abschreiben und/oder bei Gedächtnisübungen Buchstaben aus
- Buchstaben oder Wörter werden fehlerhaft von der Tafel abgeschrieben
- verdreht bei Ansagen, Gedächtnisübungen oder Aufsätzen die Reihenfolge von Buchstaben (z. B. Belch statt Blech)
- lässt beim Lesen Buchstaben aus
- verwechselt beim Lesen Buchstaben, die sich nur durch ihre Lage voneinander unterscheiden (z. B. d – b, u – n)
- das Sinnverständnis beim Lesen ist beeinträchtigt
- kann Größen, Längen und Richtungen nicht erfassen bzw. einschätzen
- Kopfrechnen bereitet Schwierigkeiten
- tut sich besonders schwer, die Rechenvorgänge zu erlernen (Multiplizieren, Addieren etc.)
- vertauscht die Zahlen (schreibt z. B. 73 statt 37)
- übersieht beim Durchlesen die Fehler, die es gemacht hat
- Probleme beim Erlernen der Uhrzeit
- Probleme beim Erfassen und Behalten von Reihenfolgen (Tage, Monate etc.), z. B. gestern/morgen

Literatur

Weitere Tipps von mir findest Du auf

https://www.mamalogin.at

Webseiten, die Dir weiterhelfen könnten

https://body-n-brain.com
https://www.braingym.at/
https://www.dasgehirn.info/
https://www.legasthenie.at/
https://www.legasthenieverband.org/
https://www.meditech.de
https://www.meditech.de/brainboy
https://www.meditech.de/lateral-training
https://www.meditech.de/orthofix
https://www.ohrinsel.net
https://www.rotatherapie.com/
https://www.schulpsychologie.at/lernen-lernerfolg
https://www.simoneabelmann.com/
https://www.zartbesaitet.net

Speziell für Österreich

https://www.bmbwf.gv.at/Themen/schule/bef/sb/cvi_kind.html
https://www.bmbwf.gv.at/Themen/schule/beratung/schulinfo/legasthenie.html
https://www.bmbwf.gv.at/Themen/schule/schulrecht/rs/1997-2017/2017_27.html

Speziell für Deutschland

https://www.bvl-legasthenie.de/schule.html
https://www.legasthenieverband.org/wegweiser/
https://schulpsychologie.de/

Da es in Deutschland keine einheitliche Regelung zum Umgang mit Legasthenie oder Dyskalkulie in Schulen gibt, empfehle ich die Eingabe der Worte „Legasthenieerlass", „Dyskalkulieerlass" oder „Nachteilsausgleich" im Browser zusammen mit dem jeweiligen Bundesland.

Speziell für die Schweiz
http://www.schulpsychologie.ch/
https://www.verband-dyslexie.ch/

Die Regelungen und Fördermöglichkeiten von schulischer Seite für dyslektische Kinder dürften auch in der Schweiz regional unterschiedlich sein. Der Verein ist hier sicherlich der beste Ansprechpartner.

Verwendete Literatur

Renate Sell, Gerhard Sell: „Bachblüten für Kinder. Zappelphilip und Träumerchen, Angst und Unkonzentriertheit – nein, danke!" Verlag Renate Sell, 2016, ISBN 978-3-942770-14-9.

Christian Dittrich-Opitz: „Befreite Ernährung: Wie der Körper uns zeigt, welche Nahrung er wirklich für Gesundheit und Wohlbefinden braucht". Hans-Nietsch-Verlag, 2010, ISBN 978-3-939-570-97-4.

Jean Robb, Hilary Letts: „Clevere Kids fallen nicht vom Himmel". Beust, 1998, ISBN 3-89530-017-9.

Gary Chapman, Ross Campbell: „Die 5 Sprachen der Liebe für Kinder. Wie Kinder Liebe ausdrücken und empfangen". Verlag der Francke Buchhandlung, 20. Auflage 2016, ISBN 978-3-86827-437-0.

Markus Hengstschläger: „Die Durchschnittsfalle. Gene – Talente – Chancen". Ecowin, 2020, ISBN 978-3-7110-0022-4.

Eleanor J. Gibson, Harry Levin: „Die Psychologie des Lesens". Fischer Taschenbuch, 1989, ISBN 3-596-42329-5.

Christina Buchner: „Disziplin – kein Schnee von gestern, sondern Tugend für morgen: Ein Praxishandbuch für Lehrer". VAK, 2006, ISBN 9783748108573.

David Perlmutter: „Dumm wie Brot. Wie Weizen schleichend Ihr Gehirn zerstört". Mosaik-Verlag, 2014, ISBN 978-3-443-39257-5.

Stephen D. Eiffert: „Eine Gehirnhälfte ist nicht genug". mvg, 2001, ISBN 3-478-72940-8.

Gordon Wingert, Helga Vollmari, Bernadette Legner: „Entspannung – pur! Fantasiereisen für Kinder und Jugendliche". Verlag modernes lernen, 2015, ISBN 978-3-8080-0750-1.

Manfred Spitzer, Wulf Bertram: „Hirnforschung für Neu(ro)gierige. Braintertainment 2.0". Schattauer, 2010, ISBN 978-3-7945-2736-6.

Gerald Hüther, Uli Hauser: „Jedes Kind ist hoch begabt: Die angeborenen Talente unserer Kinder und was wir aus ihnen machen". Albrecht-Knaus-Verlag, 2012, ISBN 978-3-641-07959-8.

Ronald D. Davis: „Legasthenie als Talentsignal: Lernchance durch kreatives Lesen". Droemer Knaur, 2001.

Astrid Kopp-Duller: „Legasthenie und LRS – der praktische Ratgeber für Eltern". Herder Spektrum, 2003, ISBN 3-451-05353-5.

Astrid Kopp-Duller, Livia R. Pailer-Duller: „Legasthenie – Dyskalkulie!? Die Bedeutsamkeit der pädagogisch-didaktischen Hilfe bei Legasthenie, Dyskalkulie und anderen Schwierigkeiten beim Schreiben, Lesen und Rechnen". EÖDL-Verlag; 3. Auflage, 2020.

Gregor Staub, Christine Hager: „Legasthenie und Rechtschreibschwäche: Machen wir das Beste draus!" Eigenverlag, 2007.

Manfred Spitzer: „Lernen: Gehirnforschung und die Schule des Lebens". Spektrum Akademischer Verlag, 2002, ISBN 3-8274-1396-6.

Lene Mayer-Skumanz, Irmgard Heringer, Anna Heringer: „Löwen gähnen niemals leise: Wie Lernen leicht gelingt. Geschichten, Tipps und Übungen für Kinder". VAK, 2015, ISBN 978-3-932098-21-5.

Gregor Staub: „Mega Memory. Gedächtnistraining". Premium Edition. Textband plus 12 CDs. mvg-verlag, 2001, ISBN 3-931-08469-8.

Lene Mayer-Skumanz, Irmgard Heringer, Anna Heringer: „Mit dem Tiger um die Wette: Geschichten, Tipps und Übungen bei Prüfungsangst und Stress". VAK, 2004, ISBN 3-932098-54-4.

Gordon Stokes, Daniel Whiteside: „One Brain. Leichter lernen durch Gehirnintegration". Workshop-Buch. VAK, 10. Aufl. 2010, ISBN 3-924077-15-0.

Petra Trautwein: „Raus aus dem Schulchaos: Wie dein Kind leicht lernt und du entspannt begleitest". petratrautwein.com, 2021.

Doris Bartel: „Rotation – Nahrung für das Gehirn. Eine neurophysiologische Therapie für die gesunde Tonusregulation". Books on Demand, 2016, ISBN 3739228488.

Christina Buchner: „So lernen alle Kinder rechnen. Mathelust und Denkvergnügen in den Klassen 1 und 2". Mit Online-Materialien. Beltz, 2012, ISBN 978-3-407-29223-0.

Vera F. Birkenbihl: „Story Power". mvg-verlag, 2001, ISBN 3-478-08836-4.

Vera F. Birkenbihl: „Trotzdem Lernen". mvg-verlag, 2016, ISBN 978-3-86882-448-3.

Manfred Spitzer: „Vorsicht Bildschirm! Elektronische Medien, Gehirnentwicklung, Gesundheit und Gesellschaft". dtv, 2006, ISBN 978-3-423-34327-5.

Deborah Sunbeck: „Was die 8 möglich macht. Laufend neue Aufgaben lösen". VAK, 2005, ISBN 978-3-932098-36-9.

Fred Warnke: „Was Hänschen nicht hört: Elternratgeber Lese-Rechtschreib-Schwäche". VAK, 2001, ISBN 3-93209-889-7.

Gerald Hüther, André Stern: „Was schenken wir unseren Kindern? Eine Entscheidungshilfe – Zwei bekannte Bildungsexperten über wahre Geschenke für Kinder". Penguin, 2019, ISBN 978-3-328-60119-7.

Gerald Hüther: „Was wir sind und was wir sein könnten: Ein neurobiologischer Mutmacher". S. Fischer, 2013, ISBN 978-3-10-032405-4.

William Davis: „Weizenwampe: Warum Weizen dick und krank macht". Goldmann, 2013, ISBN 978-3-641-08844-6.

Lieselotte Ahnert: „Wieviel Mutter braucht ein Kind? Über Bindung, Bildung und Betreuung in den ersten Lebensjahren". Beltz, 2020, ISBN 3-407-86648-8.

Georg Parlow: „Zart besaitet: Selbstverständnis, Selbstachtung und Selbsthilfe für hochempfindliche Menschen". Festland-Verlag, 2015, ISBN 3-9501765-8-2.

Danke

... an Julia Gekle, die den größten Teil von Kapitel 3 geschrieben hat

https://www.julia-gekle.at

... an Andrea Schwarz, die das Buch mit wichtigen Beiträgen zur Händigkeit von Kindern bereichert hat

https://linksoderrechts.at